수포자의 시대

왜 수포자를 포기하는가?

수포자의 시대

왜 수포자를 포기하는가?

초판 1쇄 인쇄 2019년 11월 8일
초판 1쇄 발행 2019년 11월 13일

지은이 김성수 · 이형빈
펴낸이 김승희
펴낸곳 도서출판 살림터

기획 정광일
편집 조현주
북디자인 꼬리별

인쇄·제본 (주)현문
종이 월드페이퍼(주)

주소 서울시 양천구 목동동로 293, 22층 2215-1호
전화 02-3141-6553
팩스 02-3141-6555
출판등록 2008년 3월 18일 제313-1990-12호
이메일 gwang80@hanmail.net
블로그 http://blog.naver.com/dkffk1020

ISBN 979-11-5930-119-3 03370

이 도서의 국립중앙도서관 출판예정도서목록(CIP)은 서지정보유통지원시스템 홈페이지(http://seoji.
nl.go.kr)와 국가자료종합목록 구축시스템(http://kolis-net.nl.go.kr)에서 이용하실 수 있습니다.
(CIP제어번호: CIP2019044627)

수포자의 시대

왜 수포자를 포기하는가?

김성수 · 이형빈 지음

'수포자를 포기하지 않는 사회'를 꿈꾸며

수학은 우리나라 학생들이라면 누구나 넘어야 할 높은 산과 같은 과목입니다. 하지만 언제부터인가 수학은 '넘어야 할 높은 산'이 아니라 너무 높기 때문에 '넘는 것을 포기하는 산'이 되어 버렸습니다. 그래서 이제 고등학교 수학 수업뿐만 아니라 중학교에서도 학생들이 엎드려 자는 모습을 보는 게 흔한 일입니다.

'수학을 포기한 학생'을 일컫는 '수포자'라는 신조어가 등장한 지도 오래되었습니다. '사교육걱정없는세상'에서 2015년에 조사한 결과에 따르면, 우리나라 학생들은 초등학생의 36.5%, 중학생의 46.2%, 고등학생의 59.7%가 본인을 수포자로 여긴다고 합니다. 수포자 문제는 과도한 선행학습, 사교육 등과 연결되어 언론에서도 자주 다루는 심각한 사회문제가 되고 있습니다.

수포자 문제는 개인의 문제가 아니라 우리나라 교육문화나 제도로 인해 발생하는 산물로 볼 수 있습니다. 특히 우리나라와 같은 학벌사회에서는 수학 성적이 높을수록 사회적 지위 상승에 유리합니다. 이러한 사회적 환경에서 수학을 포기하는 것은 결국 학벌 경쟁에서 낙오되는 것을 의미합니다. 그렇기 때문에 다른 교과를 포기하는 것과 수학을 포기한다는 것은 다른 의미를 지닙니다.

그렇기 때문에 수포자는 단지 '수학을 포기한 학생'이 아닙니다. 수포자는 '학교에 다녀야 하는 존재 이유를 포기한 학생'이고, '학벌사회에서 성공할 기회를 포기한 인생'이며, '수포자들을 포기하는 교육 시스템을 대변하는 희생양'입니다. 우리가 수포자에 주목하는 이유는 이 문제가 우리 교육의 핵심적인 모순을 드러내기 때문입니다.

이 책의 제1부 〈'모범생'이 '수포자'가 되기까지〉에는 자기 자신을 수포자라고 생각하는 학생들의 목소리를 생생하게 담아 보았습니다. 초등학교 4학년 때 학원에서 밤 12시까지 수학 문제를 풀다가 너무 힘들어서 울었다는 준서, 중학교 때 '함수', '방정식'이라는 말 자체를 도저히 이해하지 못했다는 영서, 중학교 때 '곱셈의 공식'을 외우는 게 제일 싫었다는 희영, 수학 우열반 수업에서 하반에 편성되어 참담한 기분이 들었다는 지훈, 고등학교 수학 시간에 잠을 푹 자기 위해 새벽까지 TV를 보고 학교에 갔다는 연성, 특목고 진학 후 수포자가 되었지만 차마 엎드려 잘 수는 없어 수업을 이해하는 것처럼 고개를 끄덕이며 연기를 했다는 준서, 수행평가 태도 점수를 잘 받기 위해 수업에 집중하는 척했다는 수학 우수생 서윤, 이들의 생생한 경험을 통해 우리 교육의 민낯을 확인할 수 있습니다.

이 책의 제2부 〈수포자를 포기하는 사회〉에서는 수포자를 끊임없이 만들어 내는 사회적 구조를 분석하였습니다. 이러한 사회적 구조에는 '학교 밖 구조', '학교 안 구조', '교실 안 구조'가 있습니다. '학교 밖 구조'인 학벌사회와 대학입시는 '병목사회' 속에서 '메리토크라시(능력주의)'가 작동하는 구조로 볼 수 있습니다. '학교 안 구조'에는 '불평등한 지식구조로서의 교육과정', '불평등을 재생산하는 수업', '불평등을 확인하는 평가' 체제가 존재합니다. '교실 안 구조'에는 '학생을 투명인간 취급하는 교사'와 '수업 소외의 확대와 심화 현상'이 존재합니다. 이 속에서 수포자는 자신을 스스로 열등한 존재로 내면화하게 됩니다. 이러한 사회학적 분석은 수포자 문제가 '개인의 문제'가 아닌 '교육 시스템의 문제'임을 알려 줍니다.

이 책의 제3부 〈수포자를 포기하지 마라〉에서는 수포자 문제를 해결하기 위한 방안을 제시하고 있습니다. 여기에는 대학입시와 국가교육과정 같은 거시적 차원부터 교사와 학부모의 실천과 같은 미시적인 차원을 아우르고 있습니다. 물론 여기서 제시된 방안이 수포자 문제를 해결하는 만병통치약이라고 볼 수 없습니다. 하지만 우리는 적어도 수포자 문제를 학생 개인의 탓으로 돌리지 않고, 우리 사회 전체가 나서 해결해야 할 핵심적인 문제로 인식하기를 바랍니다. 대입정책 입안자들은 학생 서열화를 위한 손쉬운 도구로 수학을 활용하지 않기를, 국가교육과정 개발자들은 학문적 기득권에서 벗어나 학생들의 고통을 진심으로 생각하기를, 수학을 가르치는 교사들은 수포자를 투명인간이 아닌 인격체로 인식하기를 바랍니다. 그래서 '배움의 즐거움을 경험하는 교육과정', '소외되는 학생이 없는 수업', '두려움을 유발하지 않는 평가'가 이루어지기를 바랍니다.

이 책은 현장 교사들의 실천적 연구를 지원하는 (사)좋은교사운동 '연구프로젝트 X'에서 시작되었습니다. 수학 교사로서 수포자들의 경험을 듣는 내내 마음이 괴로웠습니다. 더 많은 어른들이 수포자들의 경험을 알았으면 좋겠다는 생각을 했습니다. 그래서 보고서에서 시작한 연구가 학위논문으로 이어졌고, 이를 보완하여 단행본을 출간하게 되었습니다.

이 책의 저자인 김성수는 혁신학교에서 수학을 가르치는 교사입니다. 교육과정 이론의 선구자였던 타일러R. Tyler의 "장래에 수학자가 되지 않을 학생에게 수학이 어떤 의미가 있는지를 생각하며 수학 교육과정을 운영하라"라는 말을 늘 되새기고 있습니다. 수업 시간에 다양한 모둠활동을 하며 배움 중심 수업을 이끌고 있으며, 수학 대안 교과서 개발에도 참여하고 있습니다. 하지만 이러한 개별적인 노력만으로 수포자 문제를 해결할 수 없기 때문에, 수포자 문제를 사회학적으로 연구하게 되었습니다. 그 연구의 결과로 박사학위논문 「수학 포기자의 수학 포기 경험에 대한 교육과정사회학적 해석」을 발표하게 되었습니다. 이 논문을 지도해 주신 경희대학교 성열관 교수님께 이 지면을 통해 감사의 말씀을 드립니다. 또한 한결같이 수포자 문제 해결을 위해 애쓰시는 사교육걱정없는세상 수학사교육포럼 대표 최수일 선생님과 논문부터 이 책 원고까지 세심하게 검토해 주신 이경은 선생님 덕분에 이 책이 나올 수 있었습니다. 두 분께 진심으로 감사드립니다.

이 책의 저자인 이형빈은 고등학교 시절 수포자였습니다. 수학을 싫어하는 대신 국어를 좋아해서 국어 교사가 되었습니다. 이후 혁신교육을 이론적으로 탐구하는 연구자가 되어 '교육과정-수업-평가 혁신'

이라는 담론을 선도적으로 제기하였습니다. 하지만 혁신교육의 흐름이 '대학입시'와 '수학'이라는 장벽에 번번이 막히는 것을 목격하며 수포자 연구에 동참하게 되었습니다. 수포자 출신 연구자의 눈으로 수포자 문제를 바라보며, 절망적인 현실 속에서 혁신교육의 희망을 발견하게 되길 바라고 있습니다.

이 책의 제목을 '수포자의 시대'라고 잡은 이유는 '수포자' 문제가 우리 교육의 핵심적인 문제를 민낯 그대로 보여 주기 때문입니다. 이 책의 부제인 '왜 수포자를 포기하는가?'라는 질문에 답하기 위해 수포자의 생생한 경험을 제시하고, 이를 사회학적으로 분석하였으며, 이에 대한 대안을 제시하였습니다. 우리 사회가 '수포자를 포기하지 않는 사회'가 되기를 진심으로 바라며 이 부족한 책을 독자 여러분 앞에 내놓습니다.

2019년 10월
김성수·이형빈

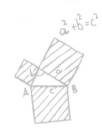

● 차례

제1부

'모범생'이 '수포자'가 되기까지

연구자는 학생들이 어떻게 수포자가 되는지 그 경로를 확인하고, 그 속에서 학생들이 어떤 경험을 하게 되는지를 알아보기 위해 15명의 고등학생과 인터뷰를 진행하였다. 이들은 학년별로 볼 때 고등학교 3학년 9명, 2학년 6명, 성별로 볼 때 여학생 9명, 남학생 9명, 학교 유형별로 볼 때 일반고 12명과 특목고 3명으로 구성되었다.

이들 학생은 대체로 초등학교 때까지는 수학 공부를 열심히 하는 '모범생'이었으나, 중학교와 고등학교를 거쳐 점차 '수포자'가 되었다고 한다. 이들과 이야기를 나누면서 수학을 포기하게 되는 계기, 수학 포기 이후 수업 시간에 경험하는 사건 등을 분석하였다. 면담은 학생들이 편하게 이야기할 수 있는 공간에서 진행하였고, 이들의 허락을 받아 모두 녹음한 후 전사하여 분석하였다. 그리고 이들의 이름은 모두 가명으로 처리하였다.

I.
초등학생 시절의 수학 경험

1. [사교육] 부모의 강요로 주야장천 문제풀기

중학교 때 수포자가 되었다는 성근이는 어렸을 때부터 성격이 활달하고 친구들과 어울려 노는 것을 좋아하는 아이였다. 하지만 성근이는 초등학교 2학년 때부터 부모의 강요로 학원에 다니게 되었다. 학교 끝나고 친구들과 놀고 싶지만 바로 학원에 가서 공부해야 한다는 사실이 괴로웠다고 한다. 학원에서는 공부에 집중하기보다 학원 선생님의 눈을 피해 친구들과 놀거나 밖에 나가려는 생각만 했다.

성근이와 마찬가지로 중학교 때 수학을 포기했다는 영서도 초등학교 2학년 구구단을 배우고 나서부터 부모의 강요로 학원을 다니기 시작했다고 한다. 하지만 영서는 본인의 의지가 아닌 부모의 강요로 학원을 다니게 되었기 때문에 억지로 수학 공부를 하기 시작했다.

> **연구자** 학원에 다니기 시작한 동기는 뭐예요?
>
> **권영서** 초등학교 2학년 때 구구단을 하잖아요. 부모님이
> 구구단은 혼자 할 수 있으니까 하고, 그다음부터

는 학원을 가 보는 게 어떠냐 하셨어요. 부모님도

수학을 어려워하는 것을 아셨나 봐요.

연구자 학원에서 공부하는 건 어땠어요?

권영서 제가 하고 싶어서 한 게 아니라, 가라 가라 하니

까 떠밀려서 가고. 문제도 억지로 계속 풀면서, 아

예 안 할 수는 없는 거라고 생각하면서 억지로 했

던 것 같아요. 자발적으로 했으면 좀 더 재밌게 했

을 것 같은데, 원래 흥미가 없는 과목을 계속 억지

로 하니까 배척하고 싶은 마음이 더 들었어요.

학생들은 대부분 초등학생 때 수학에 대한 첫 번째 기억으로 학원을 떠올렸다. 학교 수학 수업에 대한 경험을 이야기하는 학생은 드물었다. 초등학생이 사교육에 참여하게 된 동기는 부모의 권유나 강요가 대부분이었다. 부모들은 자신들도 수학을 어려워했던 경험, 주변의 분위기, 고학년이 되면 수학이 어려워진다는 막연한 불안감 때문에 자녀를 학원에 보내는 경우가 많았다.

이같이 사교육이 일상화된 우리나라 교육의 특징은 수학을 처음 배우는 초등학생에게 많은 영향을 준다. 학습의 주체인 본인의 선택이나 학교교육과정을 통해 수학을 자연스럽게 접하기보다는 부모 등 타인의 의지에 의해 수학 공부에 내몰리게 된다. 그것도 학생의 인지적·정서적 발달에 고려하여 구성된 학교 수업보다는 수학 시험 점수를 잘 받는 것을 목적으로 하는 수학 사교육의 영향을 더 강하게 경험하게 된다.

준서는 초등학교 1, 2학년 시기에 부모님을 따라 외국에서 학교를 다녔다. 외국에서 배우는 수학은 우리나라에서 배우는 수학보다 훨씬 쉽게 느껴졌기 때문에 많이 노력하지 않아도 편하게 배울 수 있었다. 외국 생활을 마치고 초등학교 4, 5학년 때부터 한국에서 학교를 다니게 되었는데, 가장 적응하기 힘들었던 공부는 수학이었다. 그래서 부모님의 권유로 수학 학원에 다니게 되었다.

하지만 학원에서 배우는 수학을 따라가는 것이 쉽지 않았다. 학원의 수학 공부는 시험을 보고 나서 틀린 문제를 모두 풀 수 있을 때까지 밤늦도록 집에 보내지 않는 시스템이었다고 한다. 외국에서 초등학교에 다니다가 우리나라로 돌아와 경험한 이 같은 경험은 매우 충격적이었고, 수학에 대한 부정적인 생각을 갖게 되었다.

> 이준서 제가 생각하기에 초등학교 4, 5학년이면 꽤 어린
> 나인데, 학원에서 문제를 다 풀 때까지 오랫동안
> 밤 12시까지 집에 안 보내 주고, 수학 못하는 애들
> 을 호되게 꾸짖고, 애들을 철저하게 능력별로 평가
> 하는 것도 마음에 안 들었어요.

수학 학원 입장에서는 학생들의 수학 성적을 올리는 것을 목표로 운영된다. 그래야 소위 '좋은 학원'으로 명성을 알릴 수 있다. 단시일 내에 성적을 많이 올릴 수 있는 방법은 학교 시험 문제와 비슷한 유형을 반복해서 풀게 하는 것이다. 이처럼 수학 문제를 반복 숙달하는 과정은 학생들에게 재미없고 힘든 일이다. 그 문제가 나오게 되는 원리

나 배경에 대한 깊은 이해 없이 단지 시험에 나올 수 있다는 이유만으로 반복적으로 풀기 때문에 지루할 수밖에 없다.

민준이도 초등학교 시절 수학 공부방에 다녔다고 한다. 공부방은 주로 프랜차이즈 형태로 운영되는데, 수업 방식은 회사에서 제공하는 문제지를 학생들에게 나눠 주고 설명하고 문제를 풀게 한다. 학생이 문제를 다 풀면 정답과 오답을 확인하고 틀린 문제를 설명해 주고 숙제를 내주는 방식으로 진행된다. 이처럼 공부방 역시 학원과 마찬가지로 문제풀이 중심으로 주로 진행된다.

민준이 역시 공부방에서 수학 문제를 많이 푼 경험을 갖고 있었다. 공부방에서 문제를 풀고 숙제를 내주면 그것을 집에서 주야장천 풀었다고 한다. 처음에는 작은 수의 단순한 사칙연산에서부터 두 자리, 세 자릿수 등 숫자가 커지고 또 분수와 소수 등으로 숫자의 형태가 다양해진다. 부모님이 시킨 것이기 때문에 어쩔 수 없이 문제를 풀었지만 밤늦게까지 풀어도 끝이 없어 보이는 수학 문제 때문에 너무 힘들어운 경험이 있다고 이야기한다.

> 이민준 그때에는 문제를 주구장창 풀었던 것 같아요
>
> 연구자 어떻게 문제를 풀어야 하는지 설명도 안 해 주고?
>
> 이민준 설명도 조금 듣고 그걸 토대로 문제집을 엄청나게 많이 주면 숙제로 그걸 풀고. 제가 좋아하는 게 아니니까 너무 힘들어서 울었던 것 같아요. 맨날 하기 싫은 거 이만큼 쌓아 놓고 밤 11시까지, 4, 5, 6학년 때 어린 나이인데도 이만큼씩 주고 풀어라

하니까. 처음에는 풀다가도 줄지가 않으니까, 이게 뭐 하는 건가, 왜 배워야 하는 건가, 그런 생각이 많았어요.

올바른 수학의 배움은 수학자가 수학의 원리나 이론을 발견하는 것처럼 학생들도 작은 수학자가 되어 수학의 원리를 발견하는 과정을 경험하는 것이다. 하지만 학생들은 수학적 발견을 해 본 경험은 전혀 없고 주야장천 문제를 푼 기억밖에 없었다. 이것이 수학을 싫어하게 된 가장 큰 원인이다.

미국의 수학자 록하트Rockhart 2009는 수학을 '논증의 예술'이라고 정의했다. 정답을 아는 것이 중요한 것이 아니라 그것이 왜 그런지, 그 의미가 무엇인지 설명하는 것이 논증의 핵심이다. 즉 스스로 문제를 제기하고, 추측하고 발견하고, 틀리기도 하고 창조적 좌절을 느끼기도 하고, 영감을 얻고 자기 자신만의 설명과 증명을 짜 맞춰 보는 경험을 하는 것이 수학을 하는 것이다.

수학에서 '문제 풀기'는 수학을 배우는 목적 그 자체는 아니다. 오히려 수학을 배우는 과정에서 수학적 개념을 이해하고 수학적 사고를 돕기 위한 하나의 도구일 뿐이다. 록하트2009는 수학이 문제풀이 위주로 진행되는 것은 수학을 가르치는 것이 아니라 '훈련받는 침팬지가 되는 것'이라고 이야기하고, 문제풀이가 '수학을 배우는 일을 슬프게 만든다'고 강하게 비판한다.

볼러Boaler 2016는 수학교육이 직면한 심각한 문제는 '수학은 계산하는 것이며, 수학을 가장 잘하는 사람은 계산을 가장 빨리 하는 사람이라고 믿는 것'이라고 주장한다. 오히려 훌륭한 수학자들은 빨리 계산하는 사람이 아니라 조심스럽고 깊게 생각하느라 계산이 느린 사람이라고 한다.

지금 우리나라의 학생들은 수학 성적을 높이기 위해 문제를 반복해서 풀지만, 그 과정에서 수학이라는 과목 자체에 흥미를 잃게 된다. 흥미가 없는 공부를 계속하다 보니 수학의 본질과는 멀어지게 된다. 수학의 본질에 대한 관심은 없어지고 수학을 배우는 즐거움을 얻을 기회를 잃게 된다.

2. [수업] 학원에서 공부하고 학교에서 뽐내기

이 학생들은 주로 사교육에서의 경험을 생생하게 기억할 뿐, 초등학교 수학 수업에 대한 기억은 거의 나지 않는다고 하였다. 단지 "학교에서 수학 점수가 몇 점이었다"는 식의 내용뿐이었다.

성근이는 "학원에서는 어려운 것을 배웠고, 학교에서는 쉬운 것을 배웠다"라고 하였다. 그래서 학교는 학원에서 배운 것을 가지고 자기가 수학을 잘하는 아이라는 것을 '뽐내는 공간'으로 기억하고 있었다.

> **연구자** 초등학교 2학년 학생이 학원에서 세 시간씩이나
> 공부했어요? 그랬구나. 그럼 학교에서는 공부를 좀
> 했어요, 초등학교 때?
> **김성근** 그 학원에서 하는 게 워낙에 어렵다 보니까, 학교

에 가면 문제가 쉬운 거예요. 그러다 보니까 학교
에서는 일부러 좀 뽐내려고 했고, 학교에서 "나 잘
한다"라고 보여 주려고 한 거 같고…….

학교 수학 수업에 대한 기억이 거의 없는 것은 학교에서 배운 수학
이 기억날 만큼 특별한 것이 아니거나 사교육과 크게 다르지 않았기
때문이라 할 수 있다. 학교나 학원이나 시키는 문제풀이가 싫고 힘든
것은 마찬가지였다. 하지만 문제를 반복적으로 풀게 하는 학원 방식
을 따라가면 학교 수업 시간에는 열심히 하지 않아도 수학 성적이 잘
나오게 된다. 그렇기 때문에 학생들은 학교는 무엇을 학습하는 공간이
기보다는 자신의 성적이 어느 정도인지 확인하고 성적이 잘 나오면 뽐
내는 공간으로 기억하고 있었다.

3. [평가] 지금은 '수포자'이지만 예전에는 '우등생'

본인이 수포자라고 생각하는 학생들도 대부분 초등학교 시절에는
수학을 잘하거나 성적이 좋았다고 회상한다. 지민이는 중학교 2학년
때부터 수학을 포기하고 고등학교 3학년인 현재 수학 수업 시간에는
전혀 참여하지 않고 있지만, 초등학교 때에는 수학을 매우 잘했다고
한다.

이지민 초등학교 때는 진짜 잘했어요. 초등학교 때는 학원

에서 주최하는 수학경시대회 이런 데서 금상도 타
고 학교에서도 100점 맞고 그랬어요.

연구자 엄청 잘했네요. 그때 학원을 다녔나요?

이지민 수학을 전문적으로 다니는 학원 말고 그냥 전 과
목을 하는 학원에 다녔었어요.

희영이도 마찬가지다. 초등학교 시절 교사가 집에 방문하여 수학을
가르쳐 주는 학습지 사교육을 했었다. 희영이는 학습지 선생님을 좋아
했다고 한다. 그래서 수학을 잘할 수 있었다고 한다.

박희영 초등학교 때는 수학을 잘했던 것 같아요. 초등학
교 때는 눈높이 수학 학습지를 했었는데 그때 선
생님도 괜찮으셨고, 도형 단원을 재미있게 했던 것
같아요.

민준이는 초등학교 때 "반에서 2, 3등 했다", "장학금 10만 원을 받
아 본 적이 있다"라고 이야기했다. 이처럼 대부분의 수포자들도 초등
학교 때는 다른 학생들처럼 수학을 잘했다고 이야기했다. "수학 사교
육을 해서 수학 점수가 몇 점이었다" 또는 "수학 사교육을 해서 반에
서 몇 등까지 해 봤다"라는 말로 자신이 초등학교 때는 수학을 포기
하지 않고 열심히 참여했다는 것을 나타냈다. 이들은 초등학교를 지나
중·고등학교 과정을 거치면서 수학을 포기하게 된 것이다.

그렇다고 이들이 초등학교 시절 수학을 좋아했던 것은 아니다. 단지

수학 성적만 좋았을 뿐이다. 좋은 성적이 나올 수 있었던 이유는 학원이나 가정방문 학습지 사교육에서 시키는 문제를 반복해서 풀었기 때문이었다.

학년이 올라가면서 학생들은 수학 성적이 좋으면 주변으로부터 칭찬을 받을 수 있다는 것을 경험한다. 부모나 교사, 친구들에게 인정받는 것은 즐거운 경험이고 이 같은 주변 사람들의 인식으로 본인도 '공부 잘하는 아이'라는 자아상을 갖게 된다. 그래서 초등학교 저학년 때는 부모님의 강요에 의해 하기 싫은 사교육에 참여하지만, 학년이 올라갈수록 '공부 잘하는 아이'라는 인정 동기로 인해 사교육에 참여하게 된다.

수포자들도 초등학교 시절에는 '공부 잘하는 아이'라는 자아를 기억하고 있었다. 그러한 인정을 유지하기 위해서는 사교육은 반드시 받아야 하는 필수 코스가 된다. 이런 과정을 통해 학생들은 '수학 공부를 한다는 것'은 곧 '수학 사교육을 받는 것', '지겨운 수학 문제를 반복해서 푸는 것'과 동일시하게 된다.

4. [요약] 부모의 강요로 시작된 재미없는 문제풀이

수포자들의 초등학생 시절의 수학 경험을 요약하자면, '재미와 의미'를 느끼기보다는 '주야장천 문제를 푸는' 수학 사교육에 내몰리는 경험이었다. 이들은 부모의 불안과 강요 때문에 사교육에 내몰리게 된다. 학부모들은 자신이 수학을 못했던 경험, 자녀가 수학을 잘해야 주변으로부터 인정받는다는 생각, 그리고 다른 아이에 비해 수학 성적이 떨어질 것에 대한 두려움 때문에 자녀를 사교육으로 내몰게 된다. 그로 인해 수학이 무엇인지도 잘 모르는 어린 시절부터 "수학은 힘들고 재미없지만, 중요하고 잘해야 한다"는 첫 이미지를 얻게 된다.

처음에는 부모의 강요로 어쩔 수 없이 참여하게 되었던 수학 사교육에 대해 학생들은 수학을 잘하기 위해서는 싫어도 참여해야 한다고 스스로 생각하게 된다. 초등학교 저학년에는 부모의 기대와 요구로 방과 후 수학 사교육의 고통을 버티고, 초등학교 고학년으로 올라갈수록 수학을 잘하는 것이 중요하다는 것을 내면화하여 스스로 의지에 의해 버티게 되는 것이다.

반면 학교에서의 수학 경험은 배움의 경험보다는 "똑똑했다", "공부를 잘했다"와 같이 수학 성적에 따라 자신을 평가하고 판단하는 기억만을 가지고 있었다. 학생들은 학교를 배우고 성장하는 공간이라고 생각하기보다는 성적을 잘 받아서 똑똑하다고 인정받아야 하는 곳으로 생각하고 있다는 것이다.

초등학교는 중학교나 고등학교와는 달리 입시의 영향을 직접 받지는 않는다. 그렇기 때문에 대부분의 사람들은 초등학교 시절만큼은 단편적 지식 위주의 교육, 문제풀이 식 교육보다는 어린이의 성장 발달에 맞는 다양한 놀이와 활동이 중요하다고 인식한다.

하지만 학생들의 진술을 토대로 볼 때 입시 위주의 경쟁 교육에 대한 부담은 초등학교 시절부터 내면화되고 있었다. 그리고 이러한 부담은 '수학'이라는 과목을 통해 가장 강하게 표출되고 있었다. 이 과정에서 학생들은 '수학 공부를 하는 것'과 '수학 사교육을 받는 것'을 동

일시하고, 학교는 '수학 공부의 결과를 평가받는 곳'으로만 인식하게
된다.

II.
중학생 시절의 수학 경험

1. [교육과정] 초등학교와는 낯설고 어려운 수학

다른 교과의 교육과정과 마찬가지로 수학 교육과정 역시 초등학교 1학년부터 고등학교 교육과정까지 연결된 구조로 구성되어 있다. 중학교 1학년 교육과정은 초등학교 6년 동안 배운 수학 교육과정을 바탕으로 이루어져 있다. 하지만 대부분의 학생들은 중학교 수학 시간에는 초등학교 때와 전혀 다른 과목을 배우는 것 같다고 진술하였다. 중학교 수학을 초등학교와 전혀 다르고 낯설게 느끼는 이유는 다양했다.

가. 왜 수학에서 영어가 나오지?

연성이는 초등학교 때까지 수학을 잘하는 학생이었다고 한다. 중학교 1학년에서도 첫 단원인 '집합'을 배울 때까지만 해도 잘 따라갈 수 있었는데, 문제는 '집합' 단원 이후에 나오는 '문자와 식' 단원이었다. 이 단원에 처음 나오는 영어 문자가 무척 생소하여 어려움을 겪게 되었다고 한다.

이연성　집합까지는 괜찮았어요. 뭔가 이해가 간다 싶었는데, a하고 b하고 x가 나올 때부터, 이게 뭐지 싶고, 막 머리가 꼬이기 시작하고 그러니까, 많이 힘들었죠.

　초등학교 졸업한 지 몇 달 안 된 학생들은 '문자와 식' 단원을 배우면서 "왜 수학에서 영어가 나오지?"라는 의문이 생기고 당황하게 된다. x, $f(x)$와 같은 낯선 용어의 등장은 배우는 학생들로 하여금 수학을 초등학교에서와 전혀 다른 과목으로 인식하게 만든다. 수학 교과서에 알파벳이 등장하여 숫자를 대신할 뿐 아니라, 알파벳끼리 계산해야 한다는 것은 초등학교에서는 경험하지 않은 내용이다. 학생들은 이러한 추상적인 상황을 매우 어렵게 생각하고 수학을 배우는 데 혼란을 겪는다.

　수학 발전의 역사를 살펴보면, 수학에서 문자와 기호가 출현한 것은 그리 오래되지 않았다. 12세기 이전에는 일체의 기호가 없는 상태였고, 16세기에 활판인쇄 기술의 보급에 힘입어 기호가 통일되면서 지금 우리가 사용하고 있는 더하기, 빼기, 곱하기 같은 기호가 갖추어졌다. 우리가 일상적으로 사용하는 '=' 기호 역시 16세기부터 사용되었고 그전에는 '~과 똑같은'이라는 말을 사용했다고 한다.森田眞生, 2015

　수학이라는 학문 자체는 인류의 역사와 동시에 시작했지만, 현재와 같은 수학적 기호와 용어가 사용된 것은 비교적 최근 몇몇 천재적인 수학자들에 의해서였다. 수학적 사고능력이 평범한 일반인들이 수학자와 같이 기호와 용어를 사용하는 것은 쉽지 않은 일이다. 특히 초등학교 과정을 마치고 중학교에 입학했지만 여전히 유소년기 시절을 벗어나지 못한 학생들 입장에서는 수학을 더욱 어렵고 힘들게 느끼는 요인이 된다.

나. 용어 자체를 이해할 수 없는 방정식, 함수

서윤이는 초등학교 시절 수학을 배우는 데 전혀 문제가 없었다. 하지만 중학교에 와서 '함수', '방정식', '유리수', '무리수', '실수', '동류항', '다항식'과 같은 용어 때문에 수학이 갑자기 어려워졌다. 이런 용어가 충분히 이해되지 않은 상태에서 수학을 접하니 전혀 다른 나라 말처럼 느껴진다고 한다.

> **함서윤** 초등학교 때까지는 수학을 잘하는 편이었어요. 그런데 중학교 들어오면서 갑자기 너무 어려워진 거예요.
>
> **연구자** 언제부터 어려워졌어요?
>
> **함서윤** 그냥 중학교 들어오자마자 공식 같은 거 많잖아요. 근의 공식이라든지. 그런 게 다 짬뽕이 돼 가지고. 하나도, 하나도 못 알아듣고. 또 수 종류가, 실수, 유리수, 이렇게 나오잖아요. 그런 것들 뜻을 잘 모르겠고.
>
> **연구자** 어려웠던 단원 기억나는 거 있어요?
>
> **함서윤** 아마 중1 때 처음에 집합을 배웠었는데, 집합까지는 쉬웠었는데, 그 뭐지, 그림 같은 거 나오잖아요?

연구자   벤 다이어그램?

함서윤   네. 벤 다이어그램, 그런 거까지는 쉬웠는데, 방정
　　　　　식 나오면서, x 나오면서, 어려워서 멀리하다 보니
　　　　　까 끝까지 멀리하게 된 거 같아요.

영서는 '함수'라는 용어가 도저히 이해가 가지 않았다고 한다. 함수
가 무엇인지 알아야 함수 문제를 제대로 풀 수 있을 거라 생각하고 오
랫동안 함수가 무엇인지 이해하려고 노력했다. 하지만 아무리 노력해
도 이해하지 못했고 다른 단원으로 넘어가야 한다는 부담 때문에 함
수 이해하기를 포기했다.

권영서   중학교 때 함수를 처음 봤을 때, f, x 이런 거 봤
　　　　　는데, 이게 도저히 이해가 안 되는 거예요. 이게 이
　　　　　해가 안 되는데, 이걸 이해하려고 하는데, 이것 함
　　　　　수만 계속 붙잡고 있을 수는 없는 거잖아요. 뒤에
　　　　　다른 것도 있으니까.

초등학교에서 배우는 수학 용어는 그 용어의 한자 뜻을 알면 대략
적으로 이해를 할 수 있었다. 하지만 중학교에서 배우는 수학 용어는
그렇지 않은 경우가 많다. 그 대표적인 용어가 '함수函數'와 '방정식方程
式'이다. 함수의 한자 뜻은 '상자에 담긴 수'이다. 그런데 이 풀이만 봐
서는 함수가 무엇인지 또 교과 내용이 무엇인지 직관적으로 이해하기
가 쉽지 않다.

방정식의 원어에 해당하는 'equation'은 '미지수가 포함된 식에서, 그 미지수에 특정한 값을 주었을 때에만 성립하는 등식'이다. '방정식'의 '방정方程'은 고대 중국의 산학서인 『구장산술九章算術』의 여덟 번째 장의 제목인 「方程」에서 유래된 말이다. 여기서 '方'은 연립방정식의 계수를 직사각형 모양으로 배열한다는 뜻이고, '程'은 이렇게 배열한 계수를 조작하여 해를 구하는 과정을 뜻한다.김용운 외, 2007 하지만 이러한 '방정식'이라는 용어에서 '미지수에 특정한 값을 주었을 때 성립하는 식'이라는 방정식의 정의를 유추할 수는 없다. 즉 '방정식'이라는 말 자체를 제대로 이해해도 방정식의 개념을 이해할 수 없다는 뜻이다.

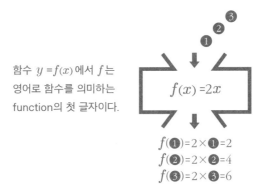

함수 $y = f(x)$에서 f는 영어로 함수를 의미하는 function의 첫 글자이다.

$$f(x) = 2x$$

$$f(❶) = 2 \times ❶ = 2$$
$$f(❷) = 2 \times ❷ = 4$$
$$f(❸) = 2 \times ❸ = 6$$

초등학교 수학 교과서를 살펴보면 함수라는 용어를 쓰지는 않지만, 정비례나 반비례와 같이 실생활에서 쉽게 찾을 수 있는 현상에서 관계의 규칙을 찾는 함수 내용이 다루어진다. 방정식도 마찬가지다. 방정식이라는 용어는 쓰지 않지만 간단한 식에서 만족하는 수를 찾는 형태로 방정식의 개념을 배우게 된다. 초등학교에서 함수, 방정식과 관련된 내용을 배움에도 불구하고 중학교에서 학생들이 이를 생소하게 느끼는 것은 용어가 무엇을 뜻하는지 그 의미를 충분히 이해할 수 있는 과정이 생략된 것도 그 이유가 된다. 구체적인 대상을 다루는 초등학교 수학에서 추상적인 기호를 다루는 중학교 수학으로 전환되는 과정에서 학생들이 그 변화를 충분히 이해할 수 있는 기회가 주어지지 않은 셈이다.

다. 외우기 힘든 수학 공식

학생들에게 수학이 가장 싫게 느껴질 때가 언제냐는 질문을 했을 때 나오는 대표적인 대답 중 하나는 '공식 외우기'이다. 초등학교에서는 공식을 정확히 외워야만 풀 수 있는 문제는 거의 다루지 않는다. 중학교부터는 공식을 이용하여 수학 문제를 해결하는 것을 배운다. 중학교 시절 수학이 싫어서 지금까지 수학 공부를 안 하고 있다는 주원이도 수학이 싫은 이유를 '공식 외우는 것'이라고 답했다. 특히 중학교 2학년에서 배우는 곱셈 공식이 너무 싫었다고 한다.

> 연구자 수학이 가장 싫게 느껴졌을 때는 언제예요?
>
> 이주원 공식 외울 때! 무슨 공식인지 까먹었는데 그 공식이 너무 하기 싫어서 안 한 것도 있어요. 곱셈 공식! 그게 싫었어요.
>
> 연구자 왜요?
>
> 이주원 그냥 외워야 해서요. 그냥 보고 외워서 풀어야 하는 거라서.

희영이는 초등학교 시절까지 좋은 학원 선생님을 만나 수학 하는 것이 즐거웠다고 한다. 그런데 주원이와 마찬가지로 중학교에 와서 '곱셈 공식'을 외우는 것이 너무 싫었다. 곱셈 공식에 속한 5가지 정도의 공식은 모두 비슷하게 생겨서 외우기도 힘들었다고 한다. 또 문제마다 다른 공식을 적용해야 하는데 어떤 문제에서 어떤 공식을 써야 하는지 결정하는 것도 쉽지 않았다. 공식이 나오게 된 원리를 충분히 이해하고 외운 것이 아니라 단지 시험에서 문제를 맞히기 위해 무의미한 철자를 무조건 외워야 하기 때문에 너무 싫었다고 한다.

● 곱셈 공식

① $(a+b)^2 = a^2 + 2ab + b^2$

② $(a-b)^2 = a^2 - 2ab + b^2$

③ $(a+b)(a-b) = a^2 - b^2$

④ $(x+a)(x+b) = x^2 + (a+b)x + ab$

⑤ $(ax+b)(cx+b) = acx^2 + (ad+bc)x + bd$

박희영 곱셈 공식! 그게 제일 싫었어요.

연구자 그게 제일 싫었어요? 왜?

박희영 되게 비슷하게 생겼는데 그게 다 다르니까. 그리고 점점 막 길어져 가지고 그거 외우는 게 너무 힘들었어요.

연구자 왜 외워야 되는지도 모르고.

박희영 결국에는 시험 보기 위해서 하는 거니까.

수학교육학에서는 학생들이 공식이 나오는 과정에 대한 다양한 활동과 탐구를 통해 발견된 법칙을 스스로 공식으로 정리하도록 가르쳐야 한다고 주장한다.우정호, 1998 그래서 대부분의 교과서는 대수막대나 색종이를 활용한 수업 등을 통해 학생들이 곱셈 공식이 나오는 과정을 눈으로 확인할 수 있도록 구성되어 있다.

하지만 면담 대상 학생들은 공식을 스스로 발견하고 탐구하는 수업은 거의 경험하지 못했다고 한다. 단지 공식을 알려 준 후 간단한 예시를 설명하고 정확히 외우기를 강요한 수업을 경험하였다. 학생들에게 공식은 단지 문제 풀기 위한 도구였다. 교사도 학교 수업에서는 많은 내용의 양을 정해진 시간에 가르쳐야 하다 보니 원리와 법칙을 발견하도록 가르칠 여유가 없다. 설사 발견과 탐구하는 과정을 수업 시간에 경험하였더라도 그것을 문제에서 활용하는 것 또한 쉽지 않은 일이다. 학생들은 문제를 풀기 위해 공식이 이해되지 않더라도 무조건 외워야 한다. 결국 의미를 이해하지 못한 채 문제를 풀기 위해 무의미한 철자로 이루어진 공식을 외우는 일은 수학을 싫어하게 만드는 핵심 원인이 된다.

2. [수업] 가장 견디기 힘든 시간, 수학 수업

가. 무조건 진도만 빼는 수업

수업은 학생들의 배움과 성장을 목적으로 하며, 학교에서 이루어지는 일 중 가장 중요한 시간이다. 하지만 면담 대상 학생들은 수학 수업이 자신의 배움과 성장을 위해 진행되었다고 느끼지 못하고 있었다.

희영이가 이야기하는 중학교 수학 수업은 '무서운 수학 선생님'에
대한 기억으로 압축된다. 수학 선생님이 매우 무서워서 수업이 이해가
되지 않아 힘들어도 흐트러지지 않는 모습으로 듣는 척을 할 수밖에
없었다고 한다. 희영이가 기억하는 중학교 수학 수업은 학생들이 이해
를 하든지 못하든지 정해진 진도를 나가는 형식으로 진행되었다.

> 연구자 학교 수업은 주로 어땠어요?
>
> 박희영 중학교 수학 선생님이 엄청 무서운 선생님이셨어
> 요. 학년 부장 선생님이셔서 수업을 듣는 척은 하
> 긴 했는데 제대로 들은 것 같지 않아요.
>
> 연구자 학교 수업은 주로 어떤 식으로 진행됐던 거 같아
> 요?
>
> 박희영 그냥 교과서에 나오는 진도 그대로 나가는 형식이
> 었고 뒤처지는 애들을 같이 데리고 가는 느낌은
> 없었던 것 같아요.
>
> 연구자 모르는 친구들에 대해서 배려해 준다거나 그런 것
> 은 없고 그냥 진도 나가기?
>
> 박희영 네.

이와 같이 학습에 따라가지 못하는 학생들을 배려하지 못하는 학
교 수업은 사교육에서 경험하는 수업과 대비된다. 수학 사교육 수업은
주로 학생 수준에 맞게 소수 그룹 또는 1:1로 진행된다. 소수의 학생

이 선생님과 수업을 진행하기 때문에 학생들은 학교 수업보다 모르거나 이해가 되지 않는 내용을 질문하는 것을 편하게 느낀다. 반대로 학교 수업에서는 20~30여 명의 학생이 교사 1명에게 배우기 때문에 이해가 안 되는 내용과 문제가 있어도 물어보는 것이 좀처럼 쉽지 않다.

지민이는 초등학교 6학년까지 학원을 다니고 중학교 1학년에 올라오면서 학원을 끊었다고 한다. 학원을 끊고 가장 난처했던 것은 수업 시간에 모르는 내용을 물어볼 대상이 없어진 것이었다. 학교 수업에서 이해가 안 되는 것이 있으면 전에는 학원에서 물어볼 수 있었지만 학교에서는 질문하기가 어려웠고 점점 모르는 것이 많아져서 수학을 포기했다고 이야기한다.

> 이지민　학원은 학생을 1:1로 해 주잖아요. 그런데 학교는
> 학생들이 많다 보니 1명에게 맞춰 주지는 못하잖
> 아요. 제가 모르는 게 있어도 그걸 바로 넘어가
> 요. 그런데 그러면 그 순간부터 멘붕이 오는 거죠.
> 놓치면 당황을 해 가지고 그 순간부터 아예 놔 버
> 려요.

대부분의 학생들은 '진도 나가기 바쁜' 수업을 중학교 수학 수업의 특징으로 언급했다. 학생들의 이해와 상관없이 '진도 나가는 것을 목적으로 하는 수업' 문화는 초등학교 수업과 다른 중학교 수업의 특징 중 하나이다. 우리나라 학교문화에서는 다른 반 수학 교사와 합의한 시험 범위까지 진도를 끝내는 것이 교사에게 매우 중요한 일이다. 학

생들이 학습 내용을 이해하는 것보다 진도 끝내는 것을 더 중요하게 여기는 수업문화에서 학습 내용을 이해하지 못하는 학생들은 배려 대상이 되지 못한다. 이 속에서 학생들은 수업에서의 소외를 경험하게 된다.

나. 우열반 수업의 참담한 기억

학생들은 대부분 중학교에서 수학 우열반 수업을 경험했다. 물론 학교에서는 '우열반 수업' 대신 '수준별 수업'이라는 명칭을 사용한다.

수준별 수업은 학생의 능력 수준을 고려하여 능력 수준에 적합한 교육 내용과 방법을 편성하여 학생들에게 의미 있는 학습이 일어나도록 하는 데 목적이 있다. 수준별 수업은 이질 집단보다 동질적인 능력 집단을 편성하는 것이 우수 학생, 부진 학생 모두에게 효과적인 학습이 일어난다고 가정한다. 특히 수학은 학생에 따른 능력의 편차가 심한 특징이 있기 때문에 적지 않은 수학 교사들은 한 교실에서 다양한 능력의 학생을 가르치는 어려움이 있다고 보는 것도 사실이다.

그런데 학교에서 실제 진행된 수업은 '수준별 수업'이라기보다는 '우열반 수업'이었다. 수준별 수업이 적성과 능력을 동시에 고려하여 개별 학생들에게 적합한 방식을 사용하는 수업이라면, 우열반 수업은 성적을 기준으로 성적이 높은 학생과 낮은 학생으로 양분하여 별도의 반에서 학습시키는 것이다.성열관, 2008a 수준별 수업 운영에 대한 연구를 살펴보면 수준별 수업이 본래의 취지를 달성하지 못한 채 오히려 학생들에게 낙인 효과만 주어 학습을 더 외면하게 만든다는 결론이 대부분이다.김재춘, 2004; 교육인적자원부, 2006; 백병부, 2010

면담 대상 학생들은 모두 우열반 수업에서 하ｆ반에 편성된 것을 경험했다. 그 경험이 수학을 싫어하고 포기하는 데 결정적인 역할을 했다. 하반에는 수학을 못하는 학생들끼리 한 반에 배정된다. 수학을 어려워하고 의욕이 낮은 학생들끼리 한 반에 편성되다 보니 공부를 할 분위기가 전혀 조성되지 않고 친구들끼리 장난치거나 엎드려 자며 시간을 보냈다고 한다. 그렇다고 교사들이 이들 학생의 수준에 맞는 교재를 준비하거나 더 쉬운 수업 방법을 쓰는 것도 아니었다.

함서윤 하반, 솔직히 끼리끼리 공부 못하는 애들만 있는 반이잖아요. 뒤에 가서 놀든지 친구랑 장난치고 수업 시간에.

연구자 그때 기분이 어때요?

ㅍ일단 학교에서 하반, 이렇게 하지는 않아요. 피타고라스 반. 이렇게 수학자 이름으로 된 반이 있었는데, 멤버들 보고 공부 못하는 애들 반이구나 생각했죠. 내가 공부 못하는 건 아는데 굳이 이렇게까지 나눌 필요가 있나?

연구자 그럼 공부도 더 하기 싫었을 것 같아요.

함서윤 네. 하반 애들끼리 공부를 안 하게 될 수밖에 없죠.

연구자 그러면 수업에서 하반에 맞게 기초적인 것들을 가르쳐 주는 것은 없었나요?

함서윤 네. 수업은 똑같아요. 진도도 똑같고 친구들만 다른 거예요.

우열반 반 편성은 일반적으로 중간고사와 기말고사 시험이 끝나 성적이 나올 때 총 4번 이루어진다. 성적에 따라 상반, 중반, 하반으로 나뉘고, 편성표가 교실 게시판에 붙는다. 게시판에 반 편성표가 붙게 되면 학생들은 자신이 어떤 반에 편성되었는지 확인한다. 자신과 친구들이 어떤 반에 편성되었는지 모든 아이들의 관심사가 된다. 학생들은 반 편성표가 붙으면 기분이 상당히 위축되었다고 한다.

> **권영서** 이게 어떻게 붙느냐면 1번은 상반, 2번은 중반, 3번은 하반, 이렇게 쫙 붙어요. 그럼 애들이 그걸 다 보게 되잖아요. 그러면 다른 애들에 비해 뒤처진다는 느낌 있잖아요. 그걸 감출 수가 없더라고요. 그럼 나는 이제 못하는 애들에 속한 애야. 이런 게 있는 것 같아서. 그래서 하반 애들이 전체적으로 위축된 분위기가 있던 것 같아요.

책 읽기를 좋아하고 물리, 생명과학 등 자연과학에 관심이 많은 지훈이도 마찬가지다. 지훈이는 중학교 시절 수학 수준별 수업에서 항상 하반이었다. 중학교 1학년부터 3학년까지 매번 하반이었던 지훈이에게 하반에서 수학 수업을 하는 것에 대해 기분이 어땠는지를 묻자 '참담했다'라고 대답했다. 하지만 지훈이는 우열반 편성 제도 자체에 대해 불만을 갖지는 않았다. 하반에 속한 것이 기분은 나쁘지만 자신이 열심히 하지 않은 탓이라고 받아들이게 되었다고 한다.

연구자 하반에 가서 수업 들을 때 기분은 어땠어요?

김지훈 솔직히 말하면 참담한 기분이 드는데요, 어쩔 수 없다는 기분도 같이 들었어요. 그러니까 뭐랄까 아, 이게 나에게 맞는구나 하는 생각이랄까요. 싫기는 한데 받아들이게 되는 거. 그런 기분이 있었던 것 같아요.

학생들은 우열반 수업에서의 경험을 매우 참담한 것으로 인식하고 있었지만 그것을 학교나 제도의 탓으로 돌리지 않았다. 자신이 수학 공부를 열심히 하지 않았기 때문에 어쩔 수 없는 것으로 받아들이고 있었다. 다시 말해 열등감을 스스로 내면화하는 무기력감을 보이고 있었다.

수학 우열반 수업은 학생들에게 수학에 대한 부정적인 정서를 갖게 하였다. 하반에 속한다는 부끄러운 사실로 인해 수학을 더 싫어하게 되고, 수학에 대한 의지가 없는 학생들이 한 반에 모여 학습 의욕을 더욱 상실하는 악순환을 낳게 되었다. 수학 학습이 이루어지기 위해서는 학습자 스스로 수학을 학습할 의지를 갖게 하는 것, 또 수학 학습을 즐거워하고 자신감을 가질 수 있는 환경을 만드는 것이 필요하지만 우열반 편성은 이와 반대의 결과를 초래하였다.

3. [평가] 수학을 포기하게 만드는 시험

민준이는 초등학교 때 수학을 잘하는 학생이었다. 중학교에서 처음 보는 수학 시험을 잘 봐야 한다고 생각했다. 그래서 6학년 겨울방학부터 수학 학원에서 미리 시험 준비를 했지만, 결과는 초등학교 때와는 완전히 달랐다. 중학교 1학년 첫 시험에서 기대만큼 점수가 나오지 않아 실망이 컸다. 열심히 해도 생각보다 성적이 나오지 않자 자신이 없어졌고 결국 중학교 1학년 첫 시험을 보고 나서 수학을 포기했다고 한다.

> 이민준 중학교에 들어오니까 공부가 눈에 잘 안 들어왔어요. 첫 시험을 봤는데, 학원에서 중학교 수학을 준비하기는 했는데 준비가 부족했나 봐요. 갑자기 마음이 약해져서 처음 시험을 망치고. 이제 못하겠다. 이런 생각이 들고 수학을 포기하게 된 것 같아요.

초등학교 시절부터 부모의 권유로 학원을 다니면서 열심히 공부했던 영서도 중학교 1학년 2학기 시험을 앞두고 한계를 느꼈다. 함수, 방정식 같은 모르는 용어를 이해하기 위해서 노력도 해 보고 수업 시간에 이해하지 못한 내용을 선생님, 친구, 오빠에게 물어보면서까지 열심히 해 보았다. 하지만 곧 한계에 부딪혔다. 점점 풀 수 없는 문제가 많이 나왔다. 2학년 때 점수가 좋아질 것을 기대하기 어려웠던 영서는 수학을 포기하게 된다.

> **권영서** 중1 때는 그래도 50~60점은 나왔거든요. 중2 때는 다르더라고요. 거의 진짜 바닥. 한 30~40점이 나왔어요. 도저히 못 하겠는 거예요. 이제 흥미도 없고 왜 해야 하는지도 모르겠고. 굳이 할 필요가 없는데, 막 힘써 가면서 억지로 할 필요가 없는데. 그런 생각이 들면서. 중2 때 중간고사를 보고 나서, 딱 아니다, 하고 그냥, 아빠한테도 수학은 안 하고 싶다 그렇게 말하고 거기서 딱 끊었어요.

이 학생들에게 수학은 초등학교 때부터 공부하기 싫은 과목이었다. 초등학교 때에는 부모의 강요로 억지로 공부했다. 억지로 하는 것이 힘들었지만 점수가 잘 나오면 공부 잘하는 아이로 인정받게 되어서 열심히 했다. 하지만 중학교에서는 열심히 해도 수학 점수가 잘 나오지 않는 것을 경험하게 되었다. 그동안 힘들게 공부했던 것이 아깝기는 하지만 한편으로는 앞으로 수학 공부를 억지로 하지 않아도 된다는 생각에 수학을 포기하게 된다.

4. [수학 포기] 수학 공부는 시간 낭비, 돈 낭비

서윤이는 중학교에 와서 수학을 매우 어렵게 느꼈다고 한다. 학원에서 배우는 수업 내용을 이해하지 못할 때가 많았다. 수학 성적이 중요하다고 생각한 서윤이는 학원 대신 경제적으로 더 많은 투자가 필요한 1:1 과외를 선택하였다. 과외를 해도 성적은 자신이 원하는 만큼 나오지 않자 서윤이는 수학 공부가 '시간과 돈만 버리는 일'이라고 생각하고 수학을 포기하기로 결정했다.

> **함서윤** 학원 가서 시간만 버리고 온 거죠. 학원 애들 중에 잘하는 애들이 많았거든요. 그래서 진도를 같이 못 따라가겠는 거예요. 다른 애들은 다 아는 것 같은데 나만 모른다고 질문하기가 그렇잖아요. 질문도 못 하고 있으니 차라리 일대일 과외가 낫겠다 해서 과외를 시작했는데, 시험을 잘 봐야 50점, 60점? 수학은 진짜 안 맞나 보다 해서 포기하게 됐죠.
>
> **연구자** 그러면 과외를 할 때는 좀 알아들었어요?
>
> **함서윤** 네. 과외를 할 때는 그나마 알아듣는 편이었는데, 그런데도 50점, 60점 맞으니까 이럴 거면 차라리 찍고 30점 맞겠다 싶어서, 돈이 너무 아까운 거예요. 그래서 중2 때 딱 접었죠.

수학을 더 이상 하지 않기로 결정하는 순간 서윤이의 말처럼 그동안 학교와 사교육 통해서 했던 수학 공부는 모두 '시간 낭비, 돈 낭비'가 되어 버린다. 낭비한 것은 아깝지만 더 이상 수학을 공부해도 원하는 점수가 나오지 않을 것이라 생각하고 수학을 포기하게 된다. 수학을 포기하면 더 이상 방과 후에 학원을 안 가도 되고 공식을 외우지 않아도 되며 주야장천 문제를 풀지 않아도 된다.

성근이는 중학교 2학년 때 학원을 가야 하는 시간에 친구들과 PC방에서 놀다가 학원 원장님께 심하게 야단을 맞게 되어 수학 학원을 그만두었다고 한다. 그동안 억지로 수학 학원을 다니다가 이 사건을 계기로 수학을 포기하게 된 것이다. 하지만 성근이는 부모님께 단지 이 사건만으로 수학을 포기하겠다고 말씀드릴 수 없었다. 그래서 생각한 것이 태권도 쪽으로 진로를 선택한 것이었다.

> **연구자** 그래서 그 사건 때문에 수학을 포기했군요.
>
> **김성근** 그리고 저는 그 운동 쪽으로 가면 되겠다 해서요.
>
> **연구자** 어떤 운동?
>
> **김성근** 저는 태권도를 오래 해서 그걸로 대학 가면 되겠다는 얘기가 그전부터 나왔었거든요. 태권도 대회를 핑계로 수학 학원을 못 갈 것 같다고 부모님한테 이야기를 했어요.

이처럼 학생들은 수학을 포기하는 다른 이유를 찾게 된다. 그중 학생들이 가장 많이 선택하는 것은 예체능의 길이다. 음악, 미술, 체육, 네일 아트 등을 택하면 수학을 하지 않아도 된다는 보편적인 인식이 있기 때문이다.

현우는 다른 학생들보다 일찌감치 수학을 포기한 학생이다. 현우는 초등학교 때부터 수학이 싫었다고 한다. 중학교 때 고등학생인 언니에게 미술을 하면 수학 공부를 하지 않아도 된다는 이야기를 들었고, 그래서 본인도 미술을 전공할 마음이 있었기 때문에 중학교 1학년 때 마음 편하게 수학을 포기했다고 한다.

> 연구자　언제부터 수학을 포기했어요?
>
> 박현우　중학교 1학년 때부터요.
>
> 연구자　수학을 포기한 이유가 뭐예요?
>
> 박현우　언니가 미술을 하는데, 미술을 하면 수학 점수가 안 들어간다는 것을 알게 되었어요.
>
> 연구자　그러니까 미술을 할 생각으로 중학교 1학년 때부터 수학을 안 한 거예요?
>
> 박현우　네.

학생들은 대부분 수학을 대체할 것을 정한 후에 최종적으로 수학 포기를 결정한다. 단지 수학이 싫고 힘들다는 이유만으로 수학을 쉽게 포기할 수 있는 것은 아니다. 수학을 포기하면 대학 진학 자체가 어렵다고 생각하기 때문에, 수학을 대신해서 잘할 수 있는 다른 무엇인가를 찾아야 한다. 그래야만 수학을 잘해야 한다는 이데올로기에서 벗어날 수 있다. 결국 학생들은 "수학을 잘해야 한다", "수학을 포기하려면 남들보다 뛰어난 재능이 뭔가 있어야 한다"는 이데올로기의 영향을 받는다고 할 수 있다.

5. [요약] 낯선 수학을 만나 경쟁에서 낙오되기

자신을 수포자라고 생각하는 학생들도 초등학교 때의 기억은 그다지 나쁘지 않았다. 부모님이나 선생님으로부터 수학이 중요하다는 이야기를 지속적으로 듣고 학원을 다녔다. 학원에서는 시험을 잘 보기 위해 주야장천 문제를 풀었다. 문제풀이는 괴로운 일이지만 열심히 하면 수학 성적이 좋게 나왔고 선생님이나 부모님에게 똑똑한 아이로 인정받을 수 있다.

중학교에 입학하면서 상황이 달라졌다. 수업에서 배우는 내용은 초등학교와 전혀 달랐다. 초등학교 때와는 전혀 다른 수학을 배우는 것 같았다. 함수, 방정식 등 처음 듣는 용어들이 나왔고 아무리 공부해도 무슨 말인지 이해가 되지 않았다. 곱셈 공식 등 여러 공식들을 외워야 하지만 다들 비슷하게 생겨서 외우기 어려웠다. 억지로 외우더라도 어떤 문제에 어떤 공식을 써야 하는지 몰라서 힘들었다.

하지만 수학 시험에서 높은 점수를 받는 것이 중요하기 때문에 학원을 다니고 과외를 하면서 시간과 돈을 투자했는데, 중간고사, 기말고사에서 나온 성적은 좋지 않았다. 조금만 열심히 하면 좋은 점수를 받을 수 있었던 초등학교 때와는 달리 중학교에서는 학원이나 과외를 열심히 해도 점수가 좋지 않았다.

초등학교에서는 공부를 조금 해도 성적이 잘 나와 똑똑하다는 이야기를 들었지만, 중학교 수학 성적이 낮게 나오자 부모님과 선생님 또 주변 친구들로부터 '공부 못하는 아이'로 낙인찍히게 된다. 특히 우열반 수업에서 하반의 경험은 무척 참담했다. 지금까지 투자한 시간과 비용이 아깝지만 아무리 열심히 공부해도 점수가 잘 나올 것 같지 않을 것이라고 판단한다. 결국 수학에 대한 시간과 돈 투자를 멈추기로 결정하게 된다. 아무리 노력해도 더 이상 수학 경쟁에서 이길 수 없다고 판단하고 스스로 낙오되기로 결정한다.

수학을 포기했다고 해서 마음이 편한 것은 아니다. 그래서 수학 포기를 결정한 학생들은 수학을 대체할 수 있는 것, 남들보다 잘할 수 있는 다른 것, 수학의 영향력을 벗어나도 상급학교에 진학할 수 있는 예체능과 같은 그 무엇을 찾아 수학 포기를 합리화하게 된다.

III.
고등학생 시절의 수학 경험

　수포자 현상의 문제점이 극명하게 드러나는 시기는 고등학교 시기이다. 우리나라 교육문화에서 고등학교는 본격적으로 대학입시를 준비하는 기간으로 인식되고 있다. 그만큼 수학 교과의 중요도는 초·중학교에 비해 더 커진다. 또한 수학 교육과정도 미분과 적분, 해석기하학과 같은 고등수학이 포함되어 초·중학교에 비해 난도가 매우 높아진다. 더욱이 상당수 학생들은 중학교 시절에 이미 수학을 포기하고 있다. 그래서 여기에서는 이들이 고등학교 수학 시간을 어떻게 견디고 있는지, 그 속에서 어떤 경험을 하고 있는지 등에 대해 자세히 분석하고자 한다.

1. [**수업**] 모두가 소외되는 수업

가. 같은 공간에 있지만 다른 세계에 머물기

중학교 때 수학을 포기한 학생들은 고등학교 수학 수업 시간을 대부분 엎드려 자면서 보내게 된다. 고등학교에서는 수학 수업이 1주일에 평균 4~5시간 편성되어 있기 때문에 거의 매일 한 시간씩 엎드려 자게 되는 셈이다.

성근이는 중학교 2학년 때 수학을 포기하고 고등학교 수학 시간에는 거의 모든 시간을 엎드려 잤다고 했다. 그래서 수학 교사가 "성근이는 얼굴보다 정수리가 더 친근하다"라고 농담할 정도였다. 성근이가 엎드려 자는 이유는 수업 시간에 하는 이야기가 무슨 말인지 전혀 알아들을 수 없기 때문이었다. 자기는 전혀 이해할 수 없는 내용을 열심히 공부하는 아이들을 보면 너무 신기했다고 한다. 그러다가 결국 엎드려 자는 것을 선택했다.

> **연구자** 수업 시간에 어떤 생각이 들어요?
>
> **김성근** 그냥 '저게 뭐지?' 이런 생각도 들고 '저걸 왜 하지?' 이런 생각도 들고. 열심히 하고 있는 애들 보면 '도대체 왜 저렇게 열심히 하고 있나?' 하는 생각도 들고, 선생님 수업하시는 것도 봤다가 애들 공부하는 것도 봤다가, 할 게 없어지면 그냥 엎드려서 자는 거죠.

이렇게 수업 시간에 진행되는 내용이 자신과 전혀 상관없는 낯선 것으로 여기고 잠을 자는 현상을 '수업 소외 현상'이라 부를 수 있다.성열관·이형빈, 2014; 이형빈, 2014 이는 '교사와 학생이 물리적으로 같은 시공간 속에서 존재하지만 의미에 있어서는 다른 시공간 서로 다른 세계에 머물고 있는 것'이기도 하다.서근원, 2007 성근이는 교사나 다른 학생들과 교실이라는 같은 물리적 공간에 있지만, 실제로는 다른 세계에 머물러 있는 '수업 소외'를 경험하고 있는 것이다. 수학을 포기한 학생들은 이처럼 잠을 자거나 멍하니 있거나 딴생각을 하며 마치 자신을 외계인처럼 여기게 되는 소외 현상을 경험하게 된다.

나. 이길 가능성이 없는 경기에서 시간 때우며 버티기

수학을 포기한 학생들은 이해할 수 없는 복잡한 내용을 듣고 있는 것보다 차라리 잠을 자는 것을 선택한다. 그렇다고 하여 매 수업 시간마다 지속적으로 잠을 자는 일은 쉬운 일이 아니다. 억지로 잠을 청해도 잠이 오지 않을 수도 있고, 매시간 엎드려 있으려면 허리 통증이 생기기도 하기 때문이다.

연성이는 수업 시간에 잠을 푹 자기 위해 집에서 새벽 늦게까지 TV를 본다고 했다. 축구를 좋아하는 연성이는 프로축구 유럽리그 경기를 매일 시청한다. 축구를 좋아하는 이유도 있지만, 학교에서 잠을 자려는 이유가 더 크다고 한다. 고등학교 2학년 때까지는 이렇게 수학 시간을 버텼지만, 고등학교 3학년에 들어서는 의미 없이 시간을 낭비하는 것 같다는 생각이 들어 수업과 관련 없는 책을 보며 시간을 때운다고 한다.

연구자　그런데 자는 것도 너무 힘들지 않아요?

이연성　그렇죠. 힘들긴 한데. 그래서 그것 때문에 고등학교 2학년 때부터 새벽까지 축구 하는 걸 보며 늦게 자고 일찍 일어나서 학교에서 자는 걸 선택했거든요.

연구자　학교에서 자려고?

이연성　네. 자려고도 하고, 축구도 재미있으니까. 맨 정신으로 가면 학교에서 잠이 안 드니까. 고3 때까지 그러다가 너무 무의미하다 싶어서, 그냥 선생님이 다른 거 해도 별 터치 안 하니까, 요즘은 책 읽어요.

연성이의 사례에서 알 수 있듯이 수포자들은 수업 시간에 잠이 와서 자는 것이 아니라 억지로 잠을 청한다. 억지로 잠을 자기 위해 새벽까지 해외 축구 경기를 관람하는 것처럼, 다른 세계에 머물기 위해 자기만의 방법을 생각해 낸다. 이것은 타인에 의해 수업에서 소외를 당하는 것이 아니라 스스로 수업에서 소외되는 것을 선택하는 것이다.

성열관 외[2014]에서는 이러한 현상을 '이길 가능성이 없는 축구 경기에서 남은 시간을 버티는 것'으로 비유했다. 이미 경기를 포기한 선수들이 심판이 공식적으로 경기가 끝났다는 신호를 보내기 전까지는 경기를 끝낼 수 없고, 남은 시간을 속수무책으로 버티는 것 같다는 것이다. 수포자들은 졸업할 때까지 아무것도 하지 못하며 점수 차이가 벌어지는 것을 지켜보고 버틸 수밖에 없다. 엎드려 자면서 시간을 때우고, 억지로 잠을 자기 위해 밤새도록 TV를 보거나 컴퓨터 게임을 하기도 하고, 그것도 힘들면 수업과 상관없는 책을 보는 등 자신만의 방법을 사용하여 승산 없는 경기에 시간을 때우는 것이다.

경기 승패가 결정되었다 하더라도 선수들에게는 경기가 끝날 때까지 최선을 다하는 것이 요구된다. 이와 마찬가지로 학교의 규범은 학생들이 이미 수학을 포기했더라도 수학 수업에 억지로 참여할 것을 요구한다. 엎드려 자는 것은 이러한 학교 규범에 대한 거부이다. 그래서 엎드려 자는 것이 아니라 알아듣는 척하면서 패배가 예정된 경기를 버티는 학생들도 있다.

준서는 특목고에 다니는 학생이다. 중학교 때까지는 수학을 곧잘 했으나 고등학교에 와서는 수학으로는 경기에서 이길 수 없다는 것을 알고 수학을 포기했다. 하지만 특목고의 분위기는 일반고처럼 수업 시간에 엎드려 자는 문화가 아니다. 그래서 준서가 선택한 것은 수업 시간에 배우는 내용을 전혀 알아듣지 못해도, 고개를 끄덕이거나 열심히 필기를 하는 척하면서 시간을 보내는 것이었다.

이준서 저는 수업 내용을 거의 이해 못하는 것 같아요.
연구자 그러면 그 시간에 뭐 해요?
이준서 열심히 듣는 척하죠.
연구자 엎드려 있거나 그렇지는 않고?
이준서 네. 그냥 뭔가 쓸 게 있으면 최대한 필기하고, '나도 알아' 그런 눈빛을 보내고, 애들이 발표하면 그

거 들어 주고.

연구자 고개를 끄떡이지만 내용 자체는 거의 이해 못한다
는 거죠?

이준서 네. 바보 같죠.

준서는 수학 수업에 참여하는 학생들과 같은 행동을 하지만 그 세계에서 이루어지는 이야기는 전혀 알아듣지 못하고 혼자만의 세계에 머무르게 되는 수업 소외를 경험한다. 자기만 다른 세계에 있다는 것을 교사나 주변 학생들이 눈치채는 것이 두렵고 부끄럽기 때문에 그 세계에 있는 것처럼 행동하는 것이다. 이는 마치 외국 사람과 대화를 할 때 그 내용을 전혀 이해하지 못하면서도 알아듣는 척하며 고개를 끄덕이고 웃는 연기를 하는 것과 같다. 준서는 이런 자신의 모습에 대해 '바보 같다'고 생각하고 있었다.

수학을 포기한 학생들은 승패가 이미 결정된 게임에서 시간을 때우며 버티는 것과 같이 수학 수업 시간을 때우며 보내게 된다. 그 시간을 때우는 방식은 다양하다. 억지로 잠을 잘 수도 있고, 다른 책을 읽을 수도 있고, 알아듣는 척하며 연기를 할 수도 있다. 상황에 대한 대응 방식은 서로 다르지만 수학 수업에서 소외되고 있다는 사실은 동일하다.

다. 교사도 수포자를 포기하기

교사들은 이처럼 수업 시간에 자는 학생들을 처음에는 깨우며 수업에 참여하도록 유도한다. 하지만 학생들은 교사들이 깨워도 다시 잠

을 자는 경우가 많고, 심지어 잠을 깨우는 교사에게 대드는 등 부정적인 행동을 한다. 그러다 보니 교사들은 점점 '하는 애들만 데리고 가는 수업'을 하게 된다.

> **연구자** 한 반에서 몇 명이나 수업을 듣는 거 같아요?
>
> **이주원** 절반도 안 들어요. 예체능 가는 애들은 아주 안 듣고, 자는 애들도 있고.
>
> **연구자** 엎드려 자는 애들을 선생님이 깨우지 않아요?
>
> **이주원** 깨우다 계속 자면 그냥 내버려 둬요.
>
> **이현우** 선생님도 대충 아니까, 떠드는 애들만 야단치고 자는 애들은 그냥 놔두고, 선생님이 깨워도 자 버리고 대들기도 하고 그러니까, 지금은 터치를 안 하고 하는 애들만 데리고 가는 스타일이에요.

고등학교에서는 특히 정해진 진도를 나가는 것이 중요하기 때문에 교사들이 수학을 포기한 학생들에게 관심을 기울일 여력이 없는 것도 사실이다. 고등학교의 중간고사, 기말고사는 모든 학생이 동일한 시험을 치르는 일제식 지필평가 형태이다. 일제식 평가에서는 담당 교사가 다르더라도 시험 범위와 문제가 동일해야 한다. 그렇기 때문에 여러 교사가 정해진 시험 범위까지 진도를 마쳐야 하고, 학생들이 수업에 참여하든 그렇지 않든 상관없이 수업을 진행하게 된다. 고난도의 교육과정, 많은 분량의 시험 범위, 빠른 속도의 수업 진도 등이 수포자를 재생산하는 메커니즘이라 할 수 있다.

이혜림 　선생님 말씀도 진도도 맞춰야 하니까 빨리 나갈
　　　　수밖에 없다고 하시고.

함서윤 　애들한테 진도를 가르치는 게 교사의 직업이잖아
　　　　요. 애들이 말을 안 듣는다고 수학 선생님이 갑자
　　　　기 인성교육을 할 수도 없고. 시험 날이 다가오니
　　　　까, 확실히 진도는 빼야 하니까.

이처럼 '하는 애들만 데리고 가는 수업'에서는 허용되는 것과 허용
되지 않는 것의 규칙이 새롭게 만들어진다. 일반적인 수업에서 엎드려
자거나 딴짓을 하는 것은 허용되지 않지만, '하는 애들만 데리고 가는
수업'에서 허용되지 않는 것은 '하는 애들을 방해하는 것'으로 바뀐다.
희영이의 수학 교사는 수업 시간에 핸드폰 게임을 하거나 엎드려 자
는 것, 책 읽는 것 등은 허용했지만, 공부하는 학생들에게 피해를 주
는 행위, 예를 들어 떠드는 것 등은 절대로 허용하지 않았다고 한다.

연구자 　수업 시간에 어느 정도까지 놀아요? 계속 핸드폰
　　　　게임하는 친구도 있고?

박희영 　선생님이 너는 뭘 해도 좋으니까 조용히만 하면 된
　　　　다는 식으로 말하세요. 공부하는 애들도 있으니까
　　　　피해는 주지 말라고. 조용히 핸드폰 하거나 조용히
　　　　자거나 하면 뭐라고 안 하세요.

교사는 처음에는 학생들이 역전승을 꿈꾸며 끝까지 최선을 다하기

를 기대하며 지도한다. 시간이 흐를수록 교사들도 이 학생이 아무리 열심히 해도 경기에서 이길 수 없다는 것을 인정하게 된다. 그래서 교사들은 학생들이 열심히 하기를 기대하기보다는 다른 학생들에게 방해만 되지 않도록 '투명인간'처럼 지내기를 바라게 된다.

라. 교사도 소외당하는 수학 시간

교사는 수포자를 포기하고 수학을 포기하지 않은 학생들 위주로 수업을 진행한다. 하지만 수학을 포기하지 않은 학생들은 학교 수업보다는 학원 수업에 더 의존하고 있다. 이들은 사교육에서 선행학습을 하고, 학교 수학 수업 시간에는 학원 숙제를 하며 시간을 보낸다. 결국 수학을 포기한 학생들은 수업 내용을 이해하지 못해서 수업에 참여하지 않고, 수학을 잘하는 학생은 수업 내용을 이미 학원에서 배웠기 때문에 수업에 참여하지 않는다. 이길 가능성이 없는 학생이나 이길 가능성이 있는 학생 어느 집단도 수업에 참여하지 않는 아이러니컬한 상황이 발생하게 된 것이다.

> **권영서** 아이들은 그냥 다 학원에 의지하는 것 같아요.
> **연구자** 잘하는 애들도 학원 다니고요?
> **권영서** 네. 다 다녀요. 그래서 자기들도 '학원 안 다니면 성적 안 나와'라고 하고. 못하는 애들은 학교에서 안 되니까 학원에 가게 되는 거고. 그런 것 같아요.
> **이혜림** 수학 공부하는 애들은 거의 학원 다니고, 공부 안 하는 애들은 안 다니고.

> **연구자** 그런 친구들은 학교에서 어떻게 공부하는 거 같
> 아요?
>
> **이혜림** 그냥, 수업 시간에 수업 안 듣고 학원 교재 풀고
> 있어요.

서윤이는 교사가 수업에서 소외당하는 것에 대해 안타깝고 불쌍해 보인다고 했다. 학급에서 5명 정도가 수업에 참여하고 대부분 엎드려 자는 상황에서, 이들 5명의 학생도 교사의 수업에 관심이 있는 것은 아니다. 서윤이는 이들 5명의 친구들이 수행평가 태도 점수나 생활기록부의 '세부능력 및 특기사항'을 잘 받기 위해 수업에 참여한다고 이야기했다.

학교생활기록부의 '세부능력 및 특기사항'은 교과 담당 교사가 교과 시간에 학생들이 어떻게 참여했고 얼마만큼 성장했는지를 평가해서 정성적으로 기록해 주는 항목이다. 이 항목은 대학입시의 학교생활기록부 전형에서 중요한 자료로 활용된다. 학교생활기록부 전형을 준비하는 학생들은 '세부능력 및 특기사항'에 좋은 기록을 받기 위해 수업 시간에 참여하는 모습을 보인다는 것이다.

> **연구자** 그러면 5명만 수업 들을 때 수학 선생님이 어떻게
> 느껴져요?
>
> **함서윤** 안타깝죠. 불쌍하죠. 아무리 말해도 들어 주는 사
> 람이 없으니까
>
> **연구자** 5명은 열심히 듣긴 해요?

함서윤   그런데 그 5명도 어쩔 수 없이 듣는 거죠. 수행평
가에 태도 점수가 반영이 되니까. 내신으로 대학
갈 애들은 점수 잘 받아야 되니까. 그 아이들도 얼
굴을 보면 행복한 표정이 아니에요. '수학 재미있
다.' 이런 표정이 아니라 '너무 피곤하다. 그렇지만
수업은 들어야 한다.' 이런 식이죠.

연구자   그러니까 수행평가 점수 때문에.

함서윤   네. 정시 준비하는 애들은 다 자요. 학원 가서 배
울 내용이거나 배운 내용이니까. 그런데 내신으로
대학 갈 애들은 선생님이 '세특' 써 주셔야 하니까,
선생님께 잘 보여야 하니까 잘 수 없죠.

경기에서 이길 가능성이 있는 학생들은 크게 수능 경기를 뛰는 학
생과 수시 경기를 뛰는 학생들로 구분된다. 수능 경기를 뛰는 학생들
은 수학 수업을 포기하고 사교육에 의존한다. 반면에 수시 경기를 뛰
는 학생들은 학교 수업에 적극적으로 참여지만, 이 학생들은 수업 내
용에 관심이 있기보다는 내신 등급이나 학생생활기록부의 '세부능력
및 특기사항'에 본인이 어떻게 평가되는 것인가에 관심이 있다. 경기에
이기려는 학생들 역시 수포자들처럼 교사가 가르치려는 내용에 관심
이 없는 것은 마찬가지다. 이 과정에서 교사 역시 소외 현상을 경험하
는 것은 마찬가지임을 알 수 있다.

2. [평가] 끔찍한 인내를 요구하는 시험 시간

가. 5번까지만 풀 수 있는 수학 시험 문제

고등학생들은 중학교에 비해 내신 성적에 대해 더 큰 부담을 느끼며 더 많은 시간과 노력을 기울인다. 시험 시간이 되면 대부분 학생들은 한 문제라도 더 맞히기 위해 노력하지만 수학을 포기한 학생들은 그렇지 않다. 이미 수학을 포기한 학생들은 고사 기간이 되어도 수학 공부에 관심이 없다. 시험 시간에 풀 수 있는 문제가 몇 문제 되지 않기 때문이다.

영서는 수학 시험 시간에 몇 개라도 풀어 보려고 노력하지만, 전체 30문항에서 자신이 풀 수 있는 문제는 1번에서 3번 문제까지라고 한다. 이 문제들은 보통 단순하게 공식을 외워서 적용하면 되는 기초 문제이다. 나머지 문제들은 그냥 찍고 남은 시간은 잠을 잔다. 영서는 선생님들이 애써서 만든 문제인데, 그냥 찍고 자는 것에 대해 죄송한 마음이 든다고 한다.

> **연구자** 수학 시험은 어떻게 풀어요? 아니면 찍어요?
>
> **권영서** 풀 수 있는 건 풀려고 해요. 다항식의 계산 이런 거. 시험마다 쉬운 파트가 있잖아요. 다항식처럼 쉬운 거는 공식 외우면 되니까. 한 3번까지는 풀었어요. 그런데 그 뒤 문제부터는 안 되는 거예요. 그래서 찍고 그냥 자고. 그래서 한편으로는 선생님들이 애써 만든 문제인데 죄송한 마음이 들죠. 하지

만 못 푸는데 어쩔 수 없죠.

특목고 학생인 준서는 시험 시간에 최선을 다해 풀 수 있는 문제가 1번에서 5번까지라고 한다. 특목고 학생들은 대부분 시험 시간에 한 문제라도 더 맞히기 위해 혼신의 힘을 다한다. 이런 분위기에서 해결할 수 없는 문제를 찍고 자는 것은 쉽지 않다. 그래서 준서는 풀 수 있는 문제까지만 풀고 남은 시간 동안 열심히 푸는 척을 하며 시간을 보낸다. 처음에는 이런 자신의 모습이 뭐 하고 있는 건가 싶어 한심하게 느껴졌지만, 매번 시험 시간을 이렇게 보내고 나니 열심히 문제를 푸는 척하는 것이 익숙해졌다고 한다.

> 이준서 한 5번까지는 열심히 풀고 다음부터는 찍고. 그리
> 고 뭔가 아는 것이 있으면 그거라도 있으면 약간
> 끄적거리다가 결국에는 아무것도 못하고. 그래도
> 바로 자지는 않아요. 최대한 내가 시험에 참여하고
> 있다는 거를 보여 주기 위해서 열심히 하는 척을
> 하다가 그냥 답지 마킹하는 거죠. 그런데 처음에는
> 내가 뭐 하려고 이러나 싶었는데, 이제 무서운 게,
> 이것도 익숙해지니까 예전보다는 감정의 동요가
> 덜하더라고요. 기분 나쁜 건 어쩔 수 없지만.

지훈이도 다른 친구들처럼 풀 수 있는 문제는 몇 개 되지 않았다. 그런데 지훈이는 다른 학생들과는 달리 시험 문제에 '문제'가 있다고

이야기했다. 시험 문제가 수업에서 배운 내용이 그대로 나오는 것이 아니라 '꼬아서' 문제가 출제되기 때문에 풀기 어렵다는 것이다. 1번부터 5번 정도까지는 수업에서 배운 것을 그대로 적용하면 풀 수 있지만, 나머지 문제는 수업에서 배운 내용만 가지고는 풀 수 없다는 것이다. 지훈이는 출제된 문제와 동일한 유형의 문제를 풀어 보지 않으면 풀 수 없다고 이야기했다. 수업 시간에 배운 기본적인 지식만으로도 '꼬아져' 있는 문제를 풀 수 있는 친구들은 수학적 성향이 매우 뛰어난 소수의 학생밖에 없다고 생각했다.

> **연구자** 수업 내용은 따라갈 만한데, 시험 문제가 너무 어렵다는 거죠? 왜 어려운 것 같아요?
>
> **김지훈** 제가 노력을 안 한 것도 있지만, 문제를 꼬아서 내요. 물론 국어도 꼬아서 내고 영어도 꼬아서 내지만, 수학 같은 경우는 어떤 맥락이나 그런 걸로 풀 수 있는 게 아니잖아요. 이걸 푼 적이 없다면 거의 풀 수 없잖아요. 물론 그런 문제를 푼 경험이 없어도 기본적인 지식을 합산해서 할 수 있지만, 그런 것은 아주 잘하는 아이들만 할 수 있는 것 같더라고요.

고등학교의 수학 시험은 대체로 1번부터 5번까지는 수업 시간에 배운 기본 문제에 해당한다. 5번 이후는 여러 가지 개념이 혼합되어 있거나 배운 내용을 응용한 고난도의 문제가 출제된다. 그렇기 때문에 높은 점수를 받고자 하는 학생들은 이른바 '꼬아서 낸' 문제까지도 대비시켜 주는 사교육에 의존하게 된다. 결국 수업 시간에 다룬 내용보다 훨씬 고난도로 출제되는 평가의 문제점이 학생들로 하여금 사교육에 더 의존하게 하는 원인이 된다.

나. 모의고사 100분, 앉아 있기조차 힘든 시간

시험 시간 동안 학생들은 다른 사람과 의사소통이 엄격하게 금지된다. 오직 책상 위에 있는 문제지를 보고 답안에 정답을 적거나 마킹하는 행동만 허용된다. 시험을 먼저 끝낸 학생들은 엎드려 자거나 시험지에 낙서를 하는 등 딴짓하는 것이 공식적으로 허용된다. 그래서 수학을 포기한 학생들에게 수학 시험 시간은 교사의 눈치를 살피지 않고 편하게 엎드려 잘 수 있는 시간이다.

그런데 자야 하는 시간이 너무 길다. 학교 시험 시간은 보통 50~60분이지만, 모의고사 시간은 100분이다. 학교 시험보다 난도가 높은 문제가 출제되는 모의고사 시간에는 풀 수 있는 문제 수가 적어 시간이 더 많이 남는다. 20분 정도를 문제를 푸는 데 사용한다고 해도, 무려 80분 정도를 버텨야 한다. 그래서 모의고사 경험이 많은 고등학교 3학년은 자신만의 100분 버티기 비법을 갖게 된다.

서윤이는 수학 시험 전 친구에게 '잘 자'라고 인사하고 자기 자리로 간다고 한다. 풀 수 있는 몇 문제만 풀고 나머지 문제는 자신만의 방식으로 찍는다. 남는 시간은 엎드려서 잠을 청한다. 자도 자도 시간이 남으면 감독 교사에게 화장실이나 보건실에 가야 한다고 이야기하고, 화장실에 앉아 핸드폰을 보며 시간을 때운다고 한다.

연구자 모의고사 보잖아요. 100분? 이때 뭐 해요?

함서윤 자요.

연구자 100분 동안?

함서윤 애들끼리도 '잘 자' 이러면서 각자 교실 들어가서 자요. '잘 봐'가 아니라 '잘 자'.

연구자 100분 동안 허리 아프지 않아요?

함서윤 저는 한번 이런 적 있었어요. 선생님한테 보건실 간다고 하고. 그냥 밖에서 놀았어요.

연구자 수학 시험 볼 때?

함서윤 네. 화장실에 그냥 앉아서 핸드폰 하고 있었어요.

연성이는 시간을 때우기 위해 자기만의 시험 푸는 방식을 개발해냈다. 각 문항에 제시된 5개의 답지에 나온 숫자를 모두 더한다. 그리고 이 숫자를 다시 5개로 나누어 나머지 값을 정답으로 정한다. 이런 방식으로 '자고도 남는 시간'을 때운다고 한다.

연구자 모의고사를 보면 100분이잖아요. 그러면 그 시간에는 뭐 해요?

이연성 100분이다 보니까 그 시간 내내 잠이 오지는 않아요. 그래서 수학 시간이잖아요. 그러니까 수학을 하자 해서 한 문제에 나오는 모든 숫자들을 다 더해요. 만약에 100의 자리가 나왔으면 하나하나 더하고, 나온 숫자가 10의 자리면 하나하나 더하고,

만약에 8이 나오면 1, 2, 3, 4, 5, 1, 2, 3, 이렇게 해서 3번을 찍어요. 뭐 이렇게 하나씩 찍다 보면 30분이 넘게 지나가고. 그리고 그다음에 뭐…….

수학을 포기한 학생들은 평가 시간 역시 수업 시간과 마찬가지로 소외를 경험한다. 수업 시간과 다른 것은 엎드려 자거나 혼자 딴짓하는 것은 공식적으로 허용된다는 것이다. 하지만 50센티미터 남짓 되는 책상에 앉아서 움직일 수도, 옆을 볼 수도 없다. 잠을 자는 것도 한계가 있다. 그래서 학생들은 화장실을 핑계로 그 공간을 빠져나오거나, 자기만의 방법을 쓰면서 그 시간을 억지로 견뎌 낸다. 이처럼 시험 시간의 소외 현상은 수업 시간의 소외 현상보다 더 억압적이다.

3. [수학 포기] 다시 도전, 다시 포기

가. 성공할 가능성이 거의 없는 재도전

중학교 시절 수학 포기를 선택하고 수업과 평가에서 소외된 학교생활을 하는 학생들은 대부분 고등학교 시절 다시 한 번 수학 공부에 도전한다. 수학 공부를 오랫동안 하지 않았기 때문에 수능 점수를 만회하는 것은 불가능하지만, 내신에서 수학 등급을 조금이라도 올려 수시 전형에 도움을 받고자 한다.

중학교 때 수학을 포기했던 영서도 다시 수학 공부에 도전했다. 중학교 때 수학을 포기하고 영어 공부를 더 열심히 했기 때문에 영어에는 자신 있었다. 하지만 수학 내신 등급이 너무 나쁘면 영어를 아무리 잘해도 평균 등급이 잘 안 나오기 때문에 다시 수학에 도전하기로 한 것이다.

그동안 수학 공부를 안 했기 때문에 수업에 참여해도 선생님의 말이 무슨 말인지 알 수 없다. 그래서 유튜브 수학 강의나 수학을 잘하는 가족의 도움을 받아 보지만 좀처럼 쉽지 않다. 수학 공부를 다시 하겠다는 마음은 오래가지 않고 포기할지를 다시 고민하게 된다. 결국 수학을 다시 포기한다.

> 권영서　수학을 포기해도 다른 과목을 잘 본다는 보장이 없잖아요. 내가 아무리 다른 걸 잘해도 수학이 내 점수를 깎아 먹는 건 사실이잖아요.
>
> 연구자　그래서 고민이나 갈등이 많았겠네요?
>
> 권영서　기말고사까지 그래도 두세 달은 있잖아요. 그 기간 동안 계속 고민했어요. 수업도 50% 정도는 듣고 50% 정도는 딴짓하면서 계속 고민했어요. 이 수업 들을까 말까? 이 수업 들으면 시험은 잘 볼까? 이러면서. 그나마 흥미를 찾으려고 노력은 했어요. 유튜브에서 수학 영상도 찾아보고. 그래서 계속 노력을 했는데도 뜻대로 안 되니까, 기말고사 시작되기 전에, 아닌가 보다 하고 끝냈던 것 같아요.

수학은 다른 교과에 비해 위계성이 강한 학문적 특성을 가지고 있다. 현재 학습을 아무리 열심히 해도 선수학습 내용을 제대로 알지 못하면 현재 내용을 이해하기 어렵다. 선수학습 내용 역시 몇 개월을 열심히 한다고 해서 회복될 수 있는 것은 아니다. 그렇기 때문에 중간에 재도전한다고 해서 성공한다는 보장이 없다.

연성이도 고2 때 수학을 다시 공부하기로 마음먹었다. 수학 책을 다시 폈지만 전혀 이해할 수 없었다. 어디서부터 공부해야 하는지 친구, 부모님, 선생님께 조언을 구했다. "고등학교 1학년부터 다시 해야 한다", "중학교 때부터 다시 해야 한다" 하면서 조언자마다 이야기가 달랐다. 고등학교 내용부터 하면 전혀 이해가 되지 않고, 중학교 내용부터 하려다 보니 분량이 너무 많아 결국 시도만 하고 다시 포기했다고 한다.

> 이연성   고2 때 한번 다시 해 보자고 마음먹고 수학 책을 펴 봤어요. 그런데 하나도 모르겠어요. 숫자하고 알파벳은 쓰여 있는데 뭔지 모르겠고. 애들한테 수학 공부 어떻게 해야 하느냐고 물어봤더니, 친구들이 중학교 때 것부터 처음부터 다시 해야 된다는 거예요. 선생님한테 물어보니까 지금은 중학교 때부터 하는 건 늦은 거 같고 고등학교 것부터 하는 건 어떠냐. 그런데 고등학교 때 것부터 하려니까 이해는 안 가고, 중학교 때 것부터 하려니까 할 게 너무 많고. 그래서 그냥 다시 접었죠.

성근이도 마찬가지다. 고등학교 2학년 때 다시 수학 공부를 시작했다. 자신이 메워야 하는 지점부터 찾아서 공부를 하려고 생각한 성근이는 한 계단, 두 계단 내려가는 것처럼 지난 학년의 교과서 내용을 되짚어 갔다. 그런데 한 계단 아래 내용을 알기 위해서는 그 전 계단으로 내려가야 하고 그 계단 내용을 알기 위해서는 다시 그 전 계단의 내용을 알아야 했다. 하나 둘 계단을 내려가 보니 올라갈 길이 까마득해 보였다. 그래서 결국 수학을 다시 공부하는 것을 포기했다고 한다.

> **김성근** 복습을 하러 가는 그 전의 것을 갔는데, 그것도 모르니까 계속 내려가는 거예요. 계단을 한 칸 내려간다고 해서 그다음 두 칸을 올라갈 수 있는 게 아니라, 한 칸을 올라가기 위해서 또 내려가고 또 내려가다 보니 1층까지 내려가는 거예요.
>
> **연구자** 1층까지 내려가다가 지치겠네요.
>
> **김성근** 네. 일단 예전 교과서를 펼쳐 보죠. 그런데 예전에 자면서 들었던 것 같기도 한데 잘 모르겠어요. 그럼 또 예전 교과서를 펴고 그렇게 교과서 두 권 내려가면 그 안에 내려간 단원이 몇 개가 있어요. '이걸 언제 다 해?' 이러다가 안 하게 되고.

이처럼 재도전에서 성공할 확률이 매우 낮은 이유는 수학이라는 학문 자체가 위계성이 강하기 때문이기도 하지만, 수학 교육과정에도 문제가 있기 때문이다. 다른 교과 교육과정은 대부분 이전에 학습한 내용이 다시 반복되면서 그 내용이 심화되는 '나선형 교육과정' 구조로 되어 있다. 하지만 수학 교육과정은 '중학교 2학년 일차방정식 → 중학교 3학년 이차방정식 → 고등학교 1학년 고차방정식'과 같이 배열되어 있는 '직선형·계단형 교육과정'이다. 성근이가 "계단을 한 칸 한 칸 내려가다 보니 1층까지 내려간다"고 표현한 것은 이러한 수학 교육과정의 문제점을 잘 보여 준다. 또한 선수학습의 내용을 충분히 복습하지 않고 빠른 진도로 수업을 진행하는 우리나라 수학 수업의 관행도 그 원인이 된다.^{김성수, 2016}

나. 수학을 포기한다는 것은 내 꿈을 포기하는 것

지훈이는 물리학과 천문학에 관심이 많았다. 『파인만의 물리 이야기』라는 책을 감명 깊게 읽었다고 할 정도로 과학에 깊은 관심과 흥미를 보였다. 그런데도 지훈이는 자신의 관심과 달리 문과를 선택하였다. 문과를 선택한 이유는 단 하나, 수학을 포기했기 때문이다.

> **연구자** 물리를 좋아하고 과학 점수도 높게 나왔다고 하는
> 데 왜 문과를 지원하게 되었어요?
>
> **김지훈** 당연히 수학을 못해서 문과를 지원했어요. 좀 무
> 서웠거든요. 이과 가서 수학 못 따라가면 낙제생
> 같은 게 되니까. 그러니까 아무리 과학이 좋아도
> 수학을 못하니까 피하게 된 것 같아요.

준서는 현재 영화감독이 되려는 꿈을 꾸지만, 처음에는 컴퓨터 언어와 프로그래밍을 전공하여 컴퓨터 보안 전문가가 되고 싶었다. 그런데 아무리 코딩을 잘하고 화이트 해커에 관심이 있어도 그 분야로 대학을 가려면 수학을 잘해야 한다. 수학을 포기했기 때문에 이 꿈을 포기하고 다음 순위로 생각한 영화감독으로 진로를 결정하게 된 것이다.

> 이준서 제가 2학년 때는 코딩 쪽으로 되게 관심이 많아서
>   수학을 정말 잘했으면 화이트 해커 쪽으로 진로를
>   찾아봤을 것 같아요. 그 기술 분야에 직업 실리콘
>   밸리로 대표되는 직업군 자체가 주는 자유로움이
>   랑 창의성이 되게 매력적이어서 그 분야에 대해서
>   많이 찾아보았거든요. 그런데 수학이 발목을 잡더
>   라고요.

자신을 수포자라고 생각하는 학생들은 대부분 문과를 선택했다. 자신이 흥미 있어 하는 분야가 문과에 있기 때문일 수 있지만, 대부분의 학생들은 '수학을 못하기 때문에' 문과를 선택했다고 이야기한다. 이처럼 수학을 포기하는 것은 단지 배우는 여러 과목 중 한 과목을 포기하는 것을 넘어 진로를 포기하는 것을 의미하기도 한다.

다. 대학 가는 순위 매기기 위한 수학

현행 교육과정에서 수학교육의 목적은 "수학의 개념, 원리, 법칙을 이해하고 기능을 습득하며 수학적으로 추론하고 의사소통하는 능력

을 길러, 생활 주변과 사회 및 자연현상을 수학적으로 이해하고 문제를 합리적이고 창의적으로 해결하며, 수학 학습자로서 바람직한 태도와 실천 능력을 기르는 것"교육부, 2015a이다. 이러한 목적을 이루기 위해 국가는 여러 전문가들을 통해 초등학교 1학년부터 고등학교 3학년까지 총 12년간의 수학 교육과정을 계획한다. 국가의 계획에 맞춰 학교와 교사는 수업에서 교육과정을 실현하여 수학교육의 목표를 이루기 위해 노력한다.

면담 대상 학생 중에서 교육과정 문서상의 수학교육 목표를 알고 있거나 이와 비슷한 대답을 하는 학생은 단 한 명도 없었다. 학생 대부분은 수학을 배우는 목적이 '대학 가기 위해서'라고 대답했다. 만약에 대학을 가기 위한 목적이 아니라면 수학을 꼭 배워야 하느냐는 질문에, 대부분은 수학을 배울 필요가 없다고 대답했다. 초등학교 때 배운 내용만으로도 일상생활에 충분하다고 학생들은 생각했다.

연구자　수학을 왜 배운다고 생각해요? 수학 꼭 배워야
　　　　하나?
이주원　아뇨! 대학 가려고. 덧셈, 뺄셈, 사칙연산, 돈 계산,
　　　　넓이 계산 이 정도만 하면 되는 거 같아요.

연구자　수학 공부는 왜 하는 것 같아요?
박희영　저는 정말로 수학 공부를 왜 하는지 모르겠어요.
　　　　저희 문학 선생님은 한 과목 포기할 거면 수학을
　　　　포기하라고 그러시는 거예요. 저는 문과잖아요. 그

러니까 왜 배우는지 모르겠어요.

희영이의 이야기처럼 대부분의 학생들은 수학을 배우는 목적을 제대로 알지 못하고 있었다. 학생들은 수학을 배우는 목적을 오로지 좋은 대학 가기 위해서라고 생각했다. 과목 자체의 내재적 목적보다는 대학을 가기 위한 수단으로 인식하고 있는 것이다. 또 학생들은 학교에서 수학을 가르치는 목적을 학생들을 순위를 매기기 위해서라고 생각했다.

> **연구자** 그럼 학교에서 수학을 왜 가르치는 것 같아요?
> **이민준** 저는 솔직히 곱하기 나누기 이런 것만 배우면 쓸 만한 거 같은데, 이상한 루트 방정식 같은 거는 학생들 중에서 순위를 매기려고 가르치는 것 같아요.

> **연구자** 수학을 왜 가르치는 것 같아요?
> **권영서** 아이들을 어느 정도 수준을 구별하기 위해서 가르치는 것 같아요. 왜냐면 공부 잘하는 애랑 못하는 애를 차별하는 선생님이 있기 때문에, 그런 선생님을 볼 때마다 이게 확고해지는 것 같아요.

수학 교과는 교과를 배우는 목적에 대해 전문가들과 학생들의 견해가 가장 차이가 많이 나는 과목이다. 학생들은 수학 수업 시간에 배운 내용 중 사칙연산 이외에는 일상생활에서 쓰는 일이 거의 없다고 이야기한다. 하지만 수학 전문가들은 수학이 일상생활에 매우 도움이 되는 실용적인 학문이라고 주장한다. 게다가 수학은 미래 사회의 국가 경쟁력과도 연결되는 중요한 학문이기 때문에 학생들에게 수학을 배우는 중요성을 더 강조해야 한다고 주장한다.교육부, 2015b

학생들은 이 같은 전문가들의 이야기에 동의하지 않는다. 학생들은 학교에서 수학을 가르치는 이유를 공부를 잘하는 학생과 못하는 학생, 똑똑한 학생과 그렇지 않은 학생으로 순위를 매겨 분류하려는 것이라고 생각하고 있었다. 이는 영국의 노동자계급 학생들이 자신들이 학교에서 구조적으로 소외되고 있다고 간파하고 있는 것처럼,Willis, 1977 우리 학생들도 수학을 가르치는 실제적 목적에 대해 '간파'하고 있는 것이다. 즉 학생들은 사회적으로 높은 지위와 재화를 얻기 위한 경쟁의 수단으로 수학이 활용되고 있다는 사실을 이미 알고 있는 것이다.

파이스Pais2013는 수학에 대한 공식적 담론(수학적 사고력 신장, 미래 사회에 중요한 학문)과 실제(선별과 배제의 수단)가 서로 다르지만, 이를 은폐하는 것이 지배 이데올로기의 역할이라고 보았다. 이러한 관점에서 본다면, 우리 사회는 학생들이 이미 간파하고 있는 진실을 드러내어 개선하기보다는 수학을 둘러싼 지배 이데올로기에 순응하며 근본적인 문제를 회피하고 있다고 할 수 있다.

4. [자아 인식] 지배 이데올로기를 내면화하기

가. 자신을 불쌍한 존재로 바라보기

수포자들은 학년이 올라갈수록 공부 잘하는 학생과 자신 사이에 격차가 벌어지는 것을 점점 더 뚜렷하게 인식하게 된다. 그러면서 수학 문제를 술술 풀어내고 수학 점수가 잘 나오는 친구들을 부러워한다. 수학을 잘하는 친구와 자신을 비교하면서 자신을 열등한 존재로 인식하게 된다.

> 권영서 솔직히 부러워요. 애들이 서로 피드백 주고받을 때 수학 용어 같은 거 말하잖아요. 그런 게 너무 부러운 거예요. 나도 저렇게 풀이 과정 술술 써 보고 싶다. 쟤는 분명히 열심히 해서 잘하는 거는 나도 아는데, 저렇게까지 나는 못하겠고. 너무 부러웠어요.
>
> 연구자 그래서 열등감 같은 것도 느껴지고?
>
> 권영서 네. 많이 느꼈어요. 왜냐면 다른 애들은 수학 공부하는데 저는 다른 것만 파고 있으니까. 애들이 '너 수학공부 안 해?' 이러면 '어. 나는 수학공부 안 해.' 이런 식으로 쿨하게 대처했지만 한편으로는 그 과목도 제대로 눈에 안 들어오죠.

특히 시험 성적표가 발표되면 수학을 잘하는 친구들은 "문제가 쉬웠다", "실수로 몇 개 틀렸다"는 이야기를 나눈다. 반면 수포자들은 "찍어서 20점 받았다", "기둥을 잘못 세웠다"(OMR 카드 답안지에 동일한 번호로 모두 마킹하는 것을 기둥을 세웠다고 표현함)는 이야기를 재미 삼아 하곤 한다. 이런 식으로 웃으며 이야기를 하지만 마음속에서는 자신이 열등한 존재임을 내면화한다.

> 이준서　일단 자존심 상하죠. 점수라는 게 사실 내가 특정
> 　　　　분야에 지식을 잘 알고 있느냐 정도로 평가되어야
> 　　　　하는데, 그걸로 은근히 인간의 가치를 평가하는
> 　　　　사람들이 꽤 있으니까요.
> 이연성　성적표를 보고 나면 제가 충격을 먹고, 다시 공부
> 　　　　를 해야 할 텐데, 이 문제점을 알고도 고쳐지지 않
> 　　　　으니까 거기서 다시 한 번 자괴감이 들죠.
> 권영서　솔직히 저 자신한테도 좀 불쌍해요. '나는 왜 수학
> 　　　　을 안 했니?' 이러면서 '나도 하고 싶지. 하고 싶
> 　　　　은 데 안 돼' 이러면서…….

　학생들은 수학 점수가 나왔을 때 그것을 단지 한 과목의 점수로 인식하는 것이 아니라 자기 자신에 대한 점수로 인식한다. 그래서 자신을 불쌍한 사람이라고 여기며 부정적인 자아상을 형성하게 된다.

　나. 내 탓으로 인정하기

　수포자들은 우리나라 수학교육의 문제점을 전문가만큼이나 잘 알

고 있었다. 즉 수학교육의 목적은 학생을 분류하기 위함이며, 그렇기 때문에 교육과정은 너무 많고 수업 진도는 매우 빠르고 시험 문제는 무척 어렵다는 것을 학생들은 간파하고 있었다. 하지만 그것에 대해 비판을 제기하기보다는 어쩔 수 없는 문제라고 생각하고 있었다. 우리나라는 사람이 곧 자원이고 국가 경쟁력을 높이기 위해 그럴 수밖에 없다고 이야기했다.

연구자 왜 그럴 수밖에 없다고 생각해요?

이연성 우리나라가 사람이 자원이잖아요. 그래서 저는 대학이 많은 것도 이해가 가고. 뭐 이런, 좀 이상한 사회가 만들어진 것이 어쩔 수 없다고 생각해요. 교육열이 높은 거에 대해서는 딱히 뭐라 말을 못하겠어요. 이스라엘도 그렇지 않아요?

이준서 우리나라는 수출할 자원도 없고 농작물을 경작할 땅도 없으니까 우리가 내세울 것은 인재밖에 없다는 인식 때문에 엘리트주의 교육이 확산된 거라고 저는 알고 있거든요. 제가 알기로는 우리나라 커리큘럼은 일본 제국주의 시대 교육이랑 현대에 들어와서는 미국 커리큘럼을 섞어서 하는 것으로 알고 있는데, 산업화 시대에 인재들을 만들어 내는 데 최적화되어 있는 커리큘럼이기도 하고. 학생들이나 선생님들이나 '국가를 위해 어쩔 수 없다, 그렇기 때문에 공부를 해야 한다'라는 인식이 있지 않을

까 싶어요.

학생들은 '교육 체제가 잘못되어 내가 힘들다'는 생각을 하지만, 그것을 '우리나라가 잘 살기 위해 어쩔 수 없는 것'이라고 판단하고 이에 순응한다. 이와 같이 교육은 국가의 발전을 위한 인적 자원을 공급해야 한다는 지배 이데올로기를 학생들이 내면화하고 있는 것이다. 이와 동시에 어떻게든 최선을 다해서 수학을 잘하는 것이 학생의 도리라고 생각하게 된다. 그렇기 때문에 수학을 못하는 책임을 결국 본인의 잘못으로 돌리게 된다.

특목고에 다니는 서연이는 '교복 소매가 너덜너덜해질 정도'로 수학 문제를 풀어야 한다는 이야기를 들었다고 한다. 본인 역시 그만큼 해야 한다고 생각하지만 실제로는 그렇게 하지 못하기 때문에 본인이 잘못한 것이라고 생각하고 있었다.

> 이서연　저한테 소매가 너덜너덜해질 때까지 한 문제를 백
> 　　　　번 풀라고 하셨어요. 나 같으면 그렇게 풀겠다고
> 　　　　샘이 말하셨어요. 근데 그만큼 제가 수학을 안 해
> 　　　　서 할 말은 없어요. 맞는 말이니까.

영서도 마찬가지다. 중학교 시절부터 수학을 잘하고 싶은 마음에 노력을 다했지만 배우는 내용을 이해하기 어려웠다. 고등학교 1, 2학년 때 다시 한 번 수학 공부에 도전했지만 원하는 성적이 나오지 않아 결국 수학을 포기했다. 영서는 수학을 포기하게 된 것을 외부 환경

의 문제보다는 자신의 노력 부족 문제라며 자책을 했다.

> 권영서 그런데 거기에 대해서 원망을 하는 건 양심적으로
> 어긋나는 것 같아서 받아들이려고 해요. 왜냐면
> 공부를 안 한 건 맞고, 그러면서 점수가 잘 나오길
> 바라는 건 양심적으로 어긋나는 거니까. '공부 안
> 한 만큼 나온 거다' 이렇게⋯⋯.

학생들 대부분은 "수학 정석 문제집을 7번은 풀어야 한다", "소매가 너덜너덜해질 정도로 수학 문제를 풀어야 한다"는 말을 일상적으로 듣고 있다. 이는 학생이라면 당연히 수학 공부를 열심히 해야 하고, 여기에는 '수학 성적이 낮은 것은 최선을 다하지 못한 탓'이라는 메시지를 담고 있다. 이를 통해 학생들은 수학교육을 둘러싼 구조가 잘못된 것이 아니라 개인의 노력이 부족한 것이라는 이데올로기를 내면화하게 된다.

프랑스의 사회학자 부르디외Bourdieu[1977]는 지배계층이 피지배계층을 힘으로 지배하는 것이 아니라 '문화'를 매개로 간접적으로 영향력을 행사한다고 보았다. 다시 말해 지배 이데올로기를 강압적으로 주입하는 것이 아니라 학교교육과정과 학교문화를 통해 자연스럽게 내면화되며, 그것이 가정과 사회를 통해 자연스럽게 다음 세대에 전수된다는 것이다.

수포자들도 우리나라 수학교육이 소수를 위한 선별 시스템임을 알고 있었다. 하지만 그것이 어쩔 수 없다는 것을 학교와 가정, 사회를

통해 전수받았고, 그 이데올로기가 내면화되어 본인이 불이익을 감수해야 한다고 생각하게 된다. 이런 과정을 통해 자신을 어쩔 수 없는 '수포자'로 인정하게 된다.

5. [요약] 이미 패배한 경기에서 시간을 때우며 자책하기

수포자들은 중학교 때부터 수학을 포기하고 경쟁에서 스스로 낙오되기를 결정했지만, 경기장을 나올 수 없는 구조 때문에 경기가 끝날 때까지 버티며 시간을 때운다.

이들은 수학 수업 시간에 본인은 전혀 이해하지 못하는 세계가 펼쳐지는 소외 현상을 경험한다. 그래서 수학 수업 시간이 빨리 지나가기를 바라며 엎드려 자면서 시간을 때운다. 그렇지만 100분이나 되는 시험 시간은 엎드려 자기에도 너무 긴 시간이어서 살인적인 인내를 감당해야만 한다. 교사도 이들이 수학 경쟁에서 낙오한 학생이라는 것을 인정하고 엎드려 자거나 딴짓을 하는 것을 암묵적으로 인정한다.

이들 중 일부 학생은 대입에 대한 기대를 포기하지 못하고 다시 한번 수학에 도전한다. 하지만 이미 너무 뒤처져 있기 때문에 아무리 열심히 해도 도저히 따라잡을 수 없다는 것을 경험하고 또다시 수학을 포기하게 된다. 수학 경쟁에서 완전히 낙오하기로 결정된 학생들은 자신의 적성과 상관없이 수학을 필요로 하지 않는 분야를 진로로 선택하게 된다.

학생들은 수학을 가르치는 목적이 선발되는 학생과 배제되는 학생을 분류하기 위한 것임을 간파하고 있다. 그래도 우리나라에서는 인적 자원이 중요하기 때문에 수학을 매개로 하는 경쟁이 어쩔 수 없는 것이라고 생각한다. 결국 구조적 문제를 문제 삼기보다는 자신의 노력이 부족했다고 스스로 인정하면서 자신을 열등한 존재로 내면화하게 된다. 이러한 과정을 통해 수학교육을 둘러싼 지배 이데올로기가 재생산된다.

이렇게 초등학생 시절에는 '모범생'이었던 학생들이 중학교와 고등학교를 거쳐 '수포자'가 되는 과정을 요약하면 다음과 같다.

첫째, 초등학교 시절에는 자신의 의지와 상관없이 부모에 의해 수학 사교육에 참여하면서부터 수학 성적이 승패의 기준이 되는 경기를 시작한다.

둘째, 초등학교 때와는 달리 중학교에서 낯선 수학 내용과 어려운 시험 문제를 만나 수학 성적이 떨어지고 일찌감치 수학을 포기하게 된다.

셋째, 수학을 이미 포기했지만 경기에서 나오지 못하는 구조 때문에 무의미한 시간을 보낸다.

넷째, 대입을 위해 다시 한 번 경기에 참여하지만 뒤처진 공백을 메우지 못하고 다시 포기하며 이를 자신의 탓으로 여긴다.

마지막으로 수학교육이 선별과 배제의 시스템임을 간파하지만, 이는 어쩔 수 없는 것이기 때문에 자신이 열등한 존재임을 내면화한다.

IV.

수포자의 유형, 수포자가 되는 코스

.

1. 수포자의 유형

학교는 다양한 학생들이 존재하는 작은 사회이다. 일반적인 사회에서도 주류와 비주류, 참여자와 방관자 등이 존재하듯이 학교라는 사회에도 다양한 유형의 학생들이 다양한 참여 양상을 보이고 있다.

모든 사회에는 그 사회를 유지하기 위한 질서가 존재한다. 번스타인 Bernstein[2000]은 학교의 질서를 '규범적 질서(학업 질서)'와 '표현적 질서(생활 질서)'로 나누어 설명했다. 규범적 질서(학업 질서)가 엄격하다는 것은 학생들에게 기대하는 학습량이나 과제가 많고 교육과정 및 시험의 난도가 높으며 엄숙한 수업 태도를 요구하는 것이다. 표현적 질서(생활 질서)가 엄격하다는 것은 학교의 문화가 폐쇄적이고 학생의 자유로운 활동이 보장되지 않는다는 것을 의미한다.

학생들은 이러한 규범과 질서에 나타난 메시지를 선택하고 이에 대응한다. 번스타인 Bernstein[2000]은 학교 질서 속에 나타나는 학생들의 참여 유형을 '성실', '간극', '분리', '소외' 등으로 구분하였다. '성실'은 학교의 질서에 동의하고 수업에 적극적으로 참여하는 모습을, '간극'

은 학교의 질서에 동의하며 수업에 열심히 참여하고자 하나 학업 능력이 부족하여 어려움을 겪는 모습을, '분리'는 수업에 형식적으로 참여하지만 여기에서 별다른 의미를 찾지 못하는 모습을, '소외'는 학교의 질서에도 동의하지 않고 학습 능력도 부족해 수업 시간에 마치 투명인간처럼 존재하는 모습을 의미한다.

수포자 문제 역시 수학을 '잘하는 학생', '포기한 학생'이라는 이분법적 관점을 넘어 우리나라 수학 학습 문화에 대한 학생들의 대응으로 접근하여 이를 깊이 이해할 필요가 있다. 학생들은 주어진 환경을 무조건적으로 받아들이는 수동적 존재가 아니라, 주어진 환경에 대해 자신의 관점에 따라 수학을 공부할 것인가 포기할 것인가를 판단하는 주체이다. 따라서 번스타인Bernstein[2000]이 학교 질서에 대한 학생들의 참여를 유형화했던 방식은 수포자 문제를 이해하는 데 매우 유용한 방식이다. 이러한 관점에 따라 수학 수업 참여 유형을 구분해 보면 다음과 같다.

수학 학습 능력

수학 성적 필요성		있음	없음
	있음	수학 우등생 성실	수학 못하는 착한 수포자 간극
	없음	수학 성적 필요 없는 수포자 분리	진정한 수포자 소외

첫째, '수학 우등생' 유형은 어려운 수학을 학습할 능력이 있는 학생이자, 대학 입학 등 자신의 진로에 수학 성적이 필요한 학생들이다. 이른바 '하는 애들만 데리고 가는 수업'에서 '하는 애들'에 해당하는 유형이다. 수학 우등생들은 수포자들이 보기에 아무리 어려운 문제를 주더라도 척척 풀어낸다. 그래서 수포자들은 이 학생들을 신기하게 생각하고 자신이 도달할 수 없는 존재로 인식한다.

> **연구자** 수학 잘하는 친구들 보면 어때요?
> **김민서** 신기해요. 문제를 딱 보고 푸는 방법을 찾는 게 신기해요.
> **연구자** 그런 애들 보고 부러워요?
> **이서연** 맞아요. 저는 그만큼 학습하지 않으면서도 저 정도 수학 실력을 갖고 싶다 이렇게 막연하게 희망하는 거죠.

두 번째 유형은 자신이 원하는 대학 입학에 수학 성적이 필요 없어 수학 학습에 참여하지 않는 '수학 성적 필요 없는 수포자' 유형이다. 이들은 수학이 자신의 진로에 필요 없다고 생각하면서 수학을 공부하는 것을 쓸데없는 일이라고 여긴다. 서윤이는 문예창작과 진학을 결정하고 수학 성적 필요성이 없어진 후 그동안 수학 공부에 들였던 시간과 돈을 무척 아까워했다. 그래서 면담하면서 여러 번 수학 공부했던 것을 '시간 낭비', '돈 낭비'라고 표현했다.

함서윤 가서 시간만 버리고 온 거죠. 진도도 그렇고 수업도 그렇고 나만 못 알아듣고. 빨리 결정하는 게 나을 것 같아서. 돈은 돈대로 버리고, 시간은 시간대로 버리고. 수학 공부하는 시간에 다른 공부 하는 게 나을 것 같아서, 다른 걸 보충할 수 있는 거잖아요.

'수학 성적 필요 없는 수포자' 중에는 수학을 학습할 능력이 있는 학생도 있고 그렇지 않은 학생도 있다. 어쨌든 이들은 자신의 진로에 수학이 필요 없다는 이유로 수학 학습을 포기한다. 만약 이들이 수학이라는 과목 자체에 내재적인 흥미나 의미를 찾았다면 설사 수학이 자신의 진로와 직접적으로 연관되지 않더라도 수학을 포기할 이유가 없었을 것이다.

셋째, '수학 못하는 착한 수포자' 유형이다. 수학이 대입이나 자신의 진로에 필요하여 수학을 잘하고 싶지만 잘할 능력이 없는 학생이 이 유형에 속한다. 면담에 참여한 학생들은 대부분 이 유형에 속했다.

지훈이는 초등학교 때부터 학원이나 사교육을 하지 않고 자기 혼자 공부하는 스타일이었다. 학원에 가지 않고 학교 수업만 참여하다 보니, 수학 수업을 듣는 것이 재미있었다. 하지만 수학 시험을 보면 원하는 점수가 나오지 않았다. 그래서 수학을 포기했다고 한다.

김지훈 중학교 때 일단 수학이라는 게 이해는 해도 막상 시험을 보면 배운 게 그대로 안 나오더라고요. 문

제가 대부분 수업 시간에 배운 것보다 훨씬 심화
되어 나오니까요. 그래서 하나 마나라고 생각해서
공부를 놓았던 것 같아요.

지훈이의 사례와 같이 과학을 좋아하여 자연과학계열로 대학 진학을 원했음에도 불구하고 원하는 만큼의 수학 성적이 나오지 않아 결국 수학을 포기한다는 것은 우리나라 교육 시스템에 대해 검토해 볼 필요가 있음을 시사한다. 즉, 학생이 수학 공부를 좋아하고 열심히 배우기를 원하지만, 어려운 시험 문제 때문에 수학을 포기하게 되었다는 것은 수학교육의 목적과는 상반되는 교육이 이루어지고 있음을 의미한다.

네 번째 유형은 '진정한 수포자' 유형이다. 이 유형은 자신의 진로에 수학 성적이 필요하지도 않고 수학 학습 능력도 없기 때문에, 수학에 관심도 없고 공부도 하지 않는 학생들이다. 이러한 유형의 수포자는 고등학교 3학년 시기에 많이 나타난다. 초등학교, 중학교와 고등학교 1, 2학년 때까지는 대부분의 학생들이 완전히 포기하지 않고 나름대로 노력을 한다. 하지만 고등학교 3학년 때에는 아예 수학이 필요하지 않은 분야로 진로를 변경하게 된다.

성근이는 중학교 때 수학을 포기하고 수업 시간에 주로 엎드려 잤는데, 고등학교에 와서 다시 수학에 도전을 했다. 하지만 상대적으로 쉬운 '확률과 통계'를 제외한 단원은 전혀 이해할 수가 없어 결국 다시 수학을 포기했다. 그 후 수학을 포기해도 상관없는 체육이나 실용음악 분야로 진로를 찾고 있다고 한다.

김성근　원래는 운동을 했잖아요. 그런데 운동을 그만두고
　　　　나서, 하고 싶은 걸 찾지 못한 거예요. 그러면 솔직
　　　　히 할 게 공부밖에 없잖아요. 그런데 공부를 해도
　　　　잘 모르겠고. 음악도 좀 해 봤고.

연구자　음악? 노래 잘하나 보네요?

김성근　아니 그냥 그런 건 아니고. 운동 그만두고 내가 뭘
　　　　좋아하나 생각하다가, 그냥 동아리에서 보컬 맡고
　　　　있고. 그냥 뭐 대회 나가고 공연 나가고 그런 거밖
　　　　에 안 해서……

　연성이도 마찬가지다. 초등학교 시절 수학 문제 풀다가 잠든 기억이
있다는 연성이도 중학교 시절 수학을 포기하고 지금은 성악으로 대학
입학을 준비하고 있다. 중학교에 올라와 수학을 포기한 이후로 수학
성적이 필요 없는 진로를 찾다가 음악 선생님의 권유로 성악을 선택한
것이다.

　학교 학생회 활동을 성실히 하는 것으로 교사와 학생들에게 널리
인정받는 영서도 진정한 수포자 유형에 속한다. 영서는 수학을 놓지
않고 끝까지 해 보려고 했지만 결국 포기하고 수학 성적이 반영되지
않는 미술 쪽으로 진로를 결정했다.

권영서　저는 미술 쪽을 생각하고 있는데. 미술은 수학을
　　　　안 보거든요. 그래 가지고 저는 그렇게 큰 부담을
　　　　안 느끼고 있는데. 오히려 밖에서 뭐라 그러니까,

그게 더 미치게 되는 거예요. 더 헷갈리면서……

이처럼 수학 성적이 필요 없는 진로를 찾은 학생들은 수학 공부에서 벗어난 것에 대해 홀가분하면서 한편으로는 불안해하는 이중 감정을 갖게 된다. 결국 수학 성적이 필요하고 능력이 되는 학생들 이외에 수학을 학습할 능력이 안 되거나 수학 성적이 필요 없는 학생, 학습할 능력도 안 되고 필요도 없는 학생 모두 수학에 대한 상처를 입고 수학을 포기하게 된다.

2. 수포자가 되는 코스

이들이 수학을 포기하는 흐름은 크게 두 가지로 나누어 볼 수 있다.

첫 번째는 '수학 우등생 → 수학 성적 필요 없는 수포자 → 진정한 수포자'의 흐름이다. 이들은 초등학교 시절 부모님의 권유로 사교육을 통해 수학 공부를 시작한다. 학원에서 많은 문제를 반복해서 연습했기 때문에 학교에서 공부를 안 해도 좋은 성적을 받을 수 있다. 그래서 초등학교 시절 대부분의 학생은 수학 우등생 유형이다.

학년이 올라가면서 예체능에 소질을 발견하고 이른 시기에 예체능 입시를 준비하게 되는 학생들이 있다. 예체능 입시에는 수학 성적이 반영되지 않기 때문에 이들은 수학 성적을 잘 받을 필요가 없다. 따라서 수학 수업에 참여하지 않고 다른 책을 보거나 딴짓을 하며 지낸다. 수학 교사도 수학 성적이 필요 없는 학생인 것을 알고 수업 시간에 다른 것을 해도 그냥 내버려 둔다. 이런 기간이 오래되면서 수업 시간에 진행하는 내용은 전혀 알아듣지 못한다. 결국 수학 성적이 필요 없고 수학 학습 능력도 안 되는 진정한 수포자가 된다.

두 번째는 '수학 우등생 → 수학 못하는 착한 수포자 → 진정한 수포자'의 흐름이다. 이 학생들의 초등학교 시절은 앞의 유형과 유사하지만, 중학교 시절부터 갑자기 어려워진 수업 내용과 시험에 적응을 하지 못한다. 그래서 수학 수업에서 배우는 내용을 이해하지 못하거나, 수업은 따라가도 시험이 어려워서 원하는 수학 성적이 나오지 않는다. 이 상황을 극복하기 위해 학원, 인터넷 강의, 과외 등 여러 가지로 애를 쓰지만 원하는 수학 성적이 나오지 않는다. 결국 자신이 수학 학습 능력이 없음을 깨닫고 수학을 포기한다.

수학을 포기한 이후 이들은 수업 시간에 엎드려 자거나 딴짓을 하며 시간을 보낸다. 고등학교 시절 대입을 위해 다시 한 번 수학 공부에 도전하지만, 또다시 포기한다. 결국 수학 성적이 필요 없는 진로를 찾고 진정한 수포자가 된다. 면담 대상자 학생들은 첫 번째 흐름보다는 두 번째 흐름으로 수포자가 된 경우가 더 많았다.

이러한 수학 포기 흐름을 분석해 보면 수포자 현상을 이해하는 데 여러 가지 시사점을 제공한다.

첫째, 학생들은 단지 수학에 적성이 맞지 않거나 공부를 소홀히 해서 수포자가 되는 것이 아니다. 수포자 중에는 수학을 좋아하고 최선을 다해 노력을 했지만, 그럼에도 불구하고 좋은 성적이 나오지 않아 포기한 경우가 많다. 어려운 수학 교육과정, 진도 나가기에 급급한 수업, 그리고 변별을 위한 고난도의 평가 등이 그 원인이 된다.

둘째, 수학 학습을 할 능력이 있음에도 수학 성적이 필요 없기 때문에 수학을 아예 놔 버리는 수포자도 있다. 여기에는 일찌감치 수학과 무관한 진로를 선택했기 때문에 수학을 포기했거나, 아니면 수학을 먼저 포기하고 수학과 무관한 진로를 선택하는 두 가지 유형이 있다. 이들은 모두 수업 시간에 무의미하게 시간을 보내게 된다. 만약 수학 성적이 필요 없는 학생이라 하더라도 수학 자체에 내재적인 흥미를 느끼게 하는 방향으로 수학 수업이 진행된다면, 이들도 자신의 진로와 무관하게 수학 수업에 참여했을 것이다.

결국 고등학교 수학 수업에서는 수학 우등생을 제외하고, 수학 학습 능력이 안 되거나 수학 성적이 필요 없는 대다수 학생들은 엎드려 자거나 딴짓을 하며 시간을 보내게 된다. 따라서 수포자 문제는 학생들의 내적인 능력만이 문제가 아니라 수학을 둘러싼 여러 요인이 복합적으로 접근되어야 해결될 수 있는 문제이다. 수학 교육과정-수업-평가 시스템을 종합적으로 바라보아야 하며, 또한 "수학과 관련 없는 분야로 진출하려는 학생에게 수학교육은 어떤 의미가 있는가?"에 대한 근본적인 문제를 성찰해야 한다는 점을 알 수 있다.

제2부

수포자를 포기하는 사회

앞에서는 평범하고 성실한 학생들이 '수포자'가 되는 과정을 이들의 생생한 목소리와 함께 분석해 보았다. 이들이 생각하는 '수학을 공부하는 목적'은 '대학 가기 위해서'였다. 그리고 수학 수업은 철저히 '하는 애들만 데리고 가는 방식'이었다.

이렇게 볼 때 수포자 현상을 올바로 이해하려면 교육사회학적 분석이 필요하다. 교육사회학적 구조는 거시적 구조와 미시적 구조-학교 밖 구조와 학교 안 구조, 교실 안 구조-로 나누어 볼 수 있다. 또한 이러한 구조 속에서 교사와 학생들이 어떠한 행위 양상을 나타내는지를 살펴야 한다.

이런 의미에서 제2부의 제목을 '수포자를 포기하는 사회'로 잡았다. 이는 우리 사회가 수포자를 포기하지 않는 구조로 바뀌어야 한다는 당위를 나타내는 것이기도 하다.

I.
학교 밖 구조

1. 학벌사회와 대학입시

가. 학벌사회에서 수포자로 산다는 것

많은 연구자들이 지적하고 있듯이 한국 사회는 '학벌사회'라 할 수 있다.김동훈, 2002; 김상봉, 2004; 이수광 외, 2016 '학벌學閥'은 '학력學力'이나 '학력學歷'과 유사하면서도 이와 구별되는 의미를 지니며, 특히 다른 나라와 달리 한국 사회에서 '학벌'은 매우 중요한 의미를 지닌다.

'학력學力'은 '학습의 결과를 통해 얻게 되는 능력'을 의미한다. 이는 '지식, 기능, 태도', '지성, 인성, 사회성' 등을 두루 포괄하는 개념이다. '학력學歷'은 '학교교육의 이력'이라 할 수 있다. 흔히 사용하는 '고졸', '대졸', '석사', '박사' 등이 '학력學歷'을 의미하는데, 이는 일정한 제도적 증명, 즉 졸업장이나 학위를 통해 공식화된다. 고학력자는 그렇지 않은 사람에 비해 더 많은 능력을 소유한 것으로 간주되기 때문에, 우리 나라뿐만 아니라 전 세계적으로도 '학력學歷'은 개인의 사회적 지위를 결정하는 데 중요한 영향을 미친다.

이와 달리 '학벌學閥'은 매우 한국적인 맥락을 지닌 개념이다. '고졸',

'대졸' 등을 '수직적 학력'이라 표현한다면, 동일 수준의 학력을 가졌더라도 학교의 계층화—이른바 명문 대학 여부—에 따라 사회적 위상이 달라지는 것을 '수평적 학력'이라고 표현할 수 있다. 이렇게 수평적학력주의에 따라 대학이 서열화되는 것만으로 학벌이 형성되는 것은 아니다. 특정 명문 대학 출신 사이에 마치 문벌門閥, 군벌軍閥과 같은 강한 소속감이나 집단의식이 형성되고, 이를 매개로 사회적 기득권이 재생산될 때 이를 학벌이라 할 수 있다. 그리고 이러한 학벌이 사회를 구성하는 핵심적 지표로 기능하는 사회를 '학벌사회'라 할 수 있다.

학벌사회에서는 한 개인이 어떤 대학을 나왔느냐 하는 것이 곧 그 사람의 능력을 나타내는 핵심적 지표로 작동한다. 이러한 현상은 근대적 합리성의 원칙에도 어긋난다. 근대적 합리성의 핵심은 개인의 귀속 지위(가문, 지역, 학벌)보다 한 개인이 가진 실질적인 능력을 중시하는 것이기 때문이다. 소위 명문대를 나온 사람이 그렇지 않은 사람에 비해 반드시 높은 능력을 갖고 있는 것은 아니다. 그렇기 때문에 학벌은 우리 사회에서 전근대적 신분제도의 역할을 하고 있는 셈이다.

실제로 대다수의 국민들은 학력·학벌로 인한 차별을 직접적으로 느끼고 있다. 통계청이 2009년부터 2013년까지 진행한 사교육 의식조사에서 학생들이 사교육에 참여하는 이유 가운데 부동의 1위는 '취업 등에 있어서 학력과 학벌이 중요하기 때문'이었다.통계청, 2013 즉 취업과 임금에서 학력과 학벌에 차별이 존재하기 때문에 학생들은 좋은 학력과 학벌을 갖는 것을 목적으로 공부한다.

우리 사회에서 누구나 바라는 지위를 좋은 학벌과 높은 학력을 가진 자가 독점하고 있는 것은 객관적인 사실이다. 2015년 국내 500

대 기업 CEO의 출신 대학을 조사한 결과, 서울대가 26.5%, 연세대가 9.6%, 고려대가 13.7%로, 이른바 SKY 출신이 50%를 차지하는 것으로 조사되었다. 또한 학력·학벌이 임금 수준에도 영향을 미치고 있다. 고졸 정규직 평균임금은 대졸 정규직 평균임금의 70% 수준인 것으로 나타났다. 더욱이 학력이 낮을수록 비정규직 비율이 높으며, 비정규직의 시간당 임금은 정규직의 55% 수준이라는 점을 고려해 보면 학력 간 임금 격차는 더 큰 규모라고 할 수 있다.이수광 외, 2016

이렇게 학력·학벌이 매우 중요한 영향을 차지하고 있는 학벌사회에서 더 높은 학력, 더 좋은 학벌을 획득하기 위한 경쟁 수단이 대학입시이다. 이 경쟁에 뛰어든 사람 중 실제로 자신이 원하는 결과를 획득하는 사람은 극소수라는 점에서 대학입시는 일종의 '병목'으로 작용한다. 대학입시라는 '병목'을 통해 '학벌'이라는 지위를 획득하기 위해 온갖 고통과 인내를 감내해야 한다는 점에서 우리 사회는 일종의 '병목 사회'Fishkin, 2014라 할 수 있다.

대학입시라는 시험 병목에서 통과 기준이 되는 가장 중요한 요소가 '수학 성적'이다. 시험 병목이 좁아지고 병목을 통과하기 위한 경쟁이 치열해지면 비경쟁적 목표가 경쟁적 목표로 바뀌게 된다. 공식적인 수학교육의 목적은 수학적 사고력을 기른다는 비경쟁적 목표이지만, 수학 성적이 시험 병목을 통과하는 중요한 기준이 되면서 실제의 목적은 '다른 친구보다 더 높은 수학 성적'이라는 경쟁적 목표가 된다. 시험 병목을 통과하는 것이 다른 가치보다 우선시되는 가장 중요한 기준이 된다. 이처럼 수학교육의 목적이 경쟁적 목적이 되고 그 경쟁이 치열해지면서 여러 현상이 나타난다.

학교는 협력적 배움을 강조하기보다는 능력 있고 우월한 학생들을 배출하는 것을 목표로 학생들을 경쟁시키고 선별하는 시스템으로 운영된다. 학생들이 시험 병목을 통과하도록 돕는 것을 가장 중요한 학교 운영의 목적으로 삼는다.

교사는 학생이 시험 병목을 통과하도록 돕는 능력을 얼마나 가지고 있느냐에 따라 유능한 교사와 무능한 교사로 구분된다. 그래서 자신이 가르친 학생이 좋은 학벌을 갖게 되는 것을 교사의 보람으로 생각한다. 교사는 초등학교 시절부터 학생들에게 수학 공부가 중요하다는 것을 강조한다. 고등학교 교사들은 심지어 "교복 소매가 너덜너덜해질 때까지 수학 문제를 풀어야 한다"는 말을 한다.

학부모에게는 자녀가 시험 병목을 통과하는 것을 돕는 것이 당연히 해야 할 일이 된다. 그래서 부모는 자신의 노후 준비를 포기하더라도 사교육이나 유학 등을 시키게 된다. 아이들은 수학이 무엇인지도 모를 초등학교 저학년 시절부터 수학 학원, 공부방, 방문 학습지와 같은 수학 사교육을 통해 수학 공부를 시작한다. 초등학교 시절뿐만 아니라 중고등학교에서도 지속적으로 자녀를 수학 학원에 보내거나 과외를 시킨다. 이것은 학부모가 자신의 자원을 활용해 자녀가 경쟁자보다 수학 성적이 높도록 지원하는 현상이다.

이처럼 대학입시라는 시험 병목을 통해 좋은 학벌을 얻기 위한 경쟁에 학생, 학부모, 교사들이 모두 매달리고 있다. 여기에는 "공정한 경쟁을 통해 더 많은 능력을 가졌다고 확인된 사람이 한 사회에서 더 높은 지위를 차지하고 더 많은 것을 소유하는 것이 당연하다"라는 가치관이 뿌리내리고 있다. 영Young[1958]은 이러한 가치관을 메리토크라시meritocracy라고 불렸으며, 이것이 현대사회를 지배하고 있는 능력주의이다.

이러한 능력주의 이데올로기에 따르면, 수학 성적이 높은 것은 그만큼 남들보다 열심히 노력한 증거이고 학생으로서 당연히 해야 하는 일이다. 그래서 높은 수학 성적을 올리는 학생이 노력을 많이 했기 때문에 명문 대학에 진학하고, 누구나 원하는 사회적 지위와 재화를 얻는 것이 공정하며 당연하다고 생각한다. 이와 같은 이데올로기 뒷면에는 "능력이 없거나 열심히 노력하지 않았기 때문에 수학 성적이 낮은 것이고, 이로 인해 좋은 대학에 가지 못하면 높은 지위와 재화를 얻지 못하는 것이 당연하다"는 의미가 담겨 있다. 수포자들이 수학을 잘하는 학생을 부러워하고, 자신을 불쌍하게 생각하며, 수포자에서 벗어나보려고 마지막까지 애쓰는 이유가 여기에 있다.

한편, 피쉬킨Fishkin[2014]은 그의 저서 『병목사회』에서 출발선이 동등한 공정한 경쟁이라는 것은 애초부터 불가능하다고 한다. 태어나면서부터의 선천적인 재능과 부모의 문화적·경제적 자본이 다르기 때문에 출발선을 공정하게 맞출 수 없다는 것이다. 부모의 경제적 능력이 높을 때 자녀의 성적이 더 높고 소위 명문대에 입학할 확률이 더 높다는 것은 우리 사회에서도 이제 상식이 되고 있다. 영Young[1958] 역시 부모의 경제적 지위가 자녀의 교육적 지위로 대물림되는 사회에서 메리토크라시 이념은 계층을 고착화시키는 역할을 할 따름이라고 보았다. 따라서 그는 메리토크라시 사회는 능력을 존중하는 사회가 아닌 민주주의를 파괴하는 디스토피아 사회가 될 것임을 경고하였다.성열관, 2015

수학 성적 역시 개인이 타고나는 수학적 성향과 부모의 경제적 지위로 인한 사교육 여부에 큰 영향을 받는다. 따라서 수학 성적이 높다는 것이 남들보다 더 많은 노력을 한 증거가 될 수는 없다. 그렇기 때문에 수학 성적을 개인의 노력과 동일시하는 사고방식, 수학 성적이 높을수록 더 좋은 지위와 재화를 얻는 것이 당연하다는 가치관은 옳지 못하다.

나. 대학입시에서 수학의 영향력

학벌로 진입하기 위한 병목인 대학입시에서 수학은 막강한 영향력을 행사한다. 우선 대학수학능력시험에서 수학의 영향력을 살펴보면, 원점수 기준 총점 500점 가운데 수학이 100점으로 형식으로는 20%에 해당한다.

2020학년도 대학수학능력시험 영역별 총점 및 출제 과목

영역	구분	배점	출제 과목	평가 방식
국어		100점	화법과 작문, 독서와 문법, 문학	상대평가
수학	가형	100점	미적분II, 확률과 통계, 기하와 벡터	상대평가
	나형		수학II, 미적분I, 확률과 통계	
영어		100점	영어I, 영어II	절대평가
한국사		50점	한국사	절대평가
탐구 (택1)	사회 탐구	과목당 50점	윤리, 지리, 사회 등 9과목 중 최대 2과목 선택	상대평가
	과학 탐구	과목당 50점	물리, 화학, 생명과학, 지구과학 등 8과목 중 최대 2과목 선택	
	직업 탐구	과목당 50점	농업, 상업, 해양 등 10과목 중 최대 2과목 선택	
제2외국어/한문		과목당 50점	한문, 독일어, 프랑스어 등 9과목 중 1과목 선택	상대평가

대학별로 입시에 반영하는 과목, 가중치 등을 고려해 볼 때 수학의 영향력은 이보다 크다. 사교육걱정없는세상[2016]에서 2017학년도, 2018학년도 대학입시에서 서울지역 주요 대학[1]의 수능 과목별 평균 반영 비율을 분석한 자료를 보면 이것이 명확히 드러난다. 2017학년도 입시에서 자연계열의 경우 수학의 평균 반영 비율은 30.3%로 국어 22.2%, 영어 25.3%, 탐구 24.9%에 비해 가장 높은 비율을 차지하고 있다. 자연계열뿐만 아니라 전체 계열의 평균에서도 수학은 28.9%로, 국어 25.2%, 영어 27.2%, 탐구 20.6%인 것에 비해 가장 높은 비율을 차지하고 있다.

서울 주요 대학 과목별 평균 수능 반영 비율(%)

학년도	2017학년도				2018학년도			
과목	국어	수학	영어	탐구	국어	수학	영어	탐구
자연계열 평균	22.2	30.3	25.3	24.9	22.7	33.2	18.0	28.2
전체 평균	25.2	28.9	27.2	20.6	26.5	31.4	18.2	24.7

　　2018학년도 대학입시부터는 수능에서 영어 과목이 절대평가로 전환되었다. 이에 따른 풍선효과로 인해 수학의 반영 비율은 더 높아졌다. 자연계열의 경우 수학의 평균 반영 비율은 전년도 대비 2.9% 높아진 33.2%로, 국어 22.7%, 영어 18.0%, 탐구 28.2%에 비해 월등히 높아졌다. 더욱이 절대평가로 전환된 영어 과목에 비해 두 배 가까운 비율을 차지하게 되었다. 전체 계열의 평균에서도 마찬가지다. 국어

---

1. 건국대, 경희대, 동국대, 서울시립대, 성균관대, 숙명여대, 연세대, 이화여대, 한국외국어대, 한양대, 홍익대 총 11개 대학(반영 비율로 계산이 불가능한 대학 제외).

26.5%, 영어 18.2%, 탐구 24.7%인 데 비해 수학은 31.4%의 비율을 차지하고 있다.

대학입시를 위한 수능에서 다른 과목에 비해 수학의 반영 비율이 높다는 것은 그만큼 합격 여부를 결정하는 데 수학이 막강한 영향력을 차지한다는 것이다. 특히 영어가 절대평가로 전환된 이후로 대학들이 영어의 반영 비율을 낮추었기 때문에 상대적으로 수학의 반영 비율이 높아져서 수학은 당락을 결정짓는 가장 중요한 과목이 되었다.

수능 과목별 반영 비율이 환산되지 않아 위의 통계에서 누락된 서울대의 경우도 마찬가지다. 2017학년도 입시에서 서울대 전체 계열의 수능 반영 점수는 국어 100, 영어 100, 수학 120, 탐구 80으로 수학의 반영 점수가 가장 높았다. 영어 과목이 절대평가로 전환된 2018학년도 입시에서는 수학의 영향력이 더욱 커졌다. 국어 100, 수학 120, 탐구 80이고 영어의 경우 최대 0점, 최저 감점 4점으로 반영 방식을 전환하였다. 영어의 최대와 최저 점수 차이는 4점밖에 되지 않기 때문에 영어의 변별력이 낮아지고 그만큼 영향력이 낮은 과목이 되었다. 이처럼 학생들이 가장 선호하는 서울대 역시 수학 과목이 합격과 불합격을 구분하는 데 가장 중요한 위치를 차지하고 있다.

이런 상황에서 학생들은 원하는 대학에 가기 위해 수학 성적을 올리는 것이 중요하다고 생각할 수밖에 없다. 이렇게 대학입시에서 수학의 영향력이 매우 크기 때문에, 학교에서의 수학 수업은 고난도의 문제풀이 중심으로 이루어지고, 학생들은 학교 수업 이외의 사교육에 의존하게 되며, 수포자들은 더욱 절망스러운 상황으로 내몰리게 된다.

2. 분류장치로서의 학교제도

학벌사회와 이에 따른 차별 구조는 대학을 서열화한다. 사회적 안정
망이 잘 구축되어 있으며 국공립 대학의 비율이 매우 높은 유럽은 기
본적으로 대학평준화 체제를 이루고 있고, 사립대학의 비율이 상대적
으로 높은 미국의 경우에도 공립대학은 기본적으로 서열이 없다.정진상
외, 2004 하지만 우리나라는 전 세계적으로 유례가 없을 정도로 서울대
를 정점으로 하여 거의 모든 대학이 순위가 매겨져 있고, 이러한 순위
가 거의 변화하지 않는 대학서열체제가 형성되어 있다.

이러한 대학서열체제 속에서 초중등학교는 대학 입학을 위한 준비
기관의 역할을 수행하고 있다. 학교는 학생들을 성적에 따라 끊임없이
분류하고 서열화하며, 학력 학벌 시스템을 떠받치는 역할을 하고 있는
것이다.

그렇기 때문에 교육사회학적 관점에서 볼 때 학교는 평등장치보다
는 분류장치이다. 학교가 학생들을 분류하는 목적은 사회적 지위와
재화의 불평등한 분배를 재생산하고 확대하기 위해서다. 또 학교는 불
평등한 분배를 위한 분류에서 불이익을 받는 집단에게 불만이 생기지
않도록 합리화하고 정당화하는 이데올로기적 기능을 한다.Cho, 2014 더
욱이 한국의 학교는 오랜 기간 동안 점수 위주의 기계적 평가를 통해
학생을 촘촘하게 서열화하는 관행을 유지해 왔기 때문에 대부분의 사
람들은 학교가 이와 같은 기능을 하는 것이 당연하다는 인식을 가지
고 있다.

면담 대상 학생들 역시 학교는 학생들을 평가하여 줄 세우는 곳이

고, 수학은 그 도구라고 생각했다. 그래서 학생들에게 수학을 배우는 목적을 묻자, 학생들은 수학을 통해 학생들을 구별하기 위해 배우는 것 같다고 대답했다.

> 권영서　사람들이 아이들의 성적을 평가할 때 수학이 큰
> 부분을 차지하니까, 좀 아이들의 수준을 구별하기
> 위해서 수학을 배우는 것 같아요.

> 이민준　이 사람이 공부를 잘한다, 못한다 이런 것을 나누
> 려고 하는 것 같아요. 고등학교 때 배운 수학을 앞
> 으로 쓸 일이 없을 것 같은데, 이게 순위를 나누려
> 고 하는 것 같아요.

> 이혜림　그냥 쓸데없이 어려운 것 가르쳐서 대학교 걸러 낼
> 때 끈기를 보려는 거 같아요.

이처럼 학생들도 수학교육이 실생활과 유리된 채 분류와 서열화의 도구로 사용되고 있음을 간파하고 있다. 학교가 분류장치로서 역할을 할 때 가장 직접적으로 그 역할을 담당하는 것이 바로 수학 성적인 것이다.

학교가 분류장치로 기능하는 순간 경쟁은 필연적이다. 경쟁을 통한 서열화 속에서 누군가는 실패를 해야 누군가가 성공을 할 수 있다. 누군가의 성공을 위해 누군가는 실패를 해야 하는 학교 구조가 수포자

를 발생시킨다. 그 실패를 예견하고 스스로 수학을 포기하는 학생이 바로 수포자인 셈이다.

이처럼 수포자가 발생하는 것은 교육 시스템과 학교 체제의 문제임에도 불구하고 학생들이 이에 대해 불만을 갖지 않는 것은 우리 사회와 학교가 이러한 분류를 정당화하는 이데올로기를 끊임없이 재생산하기 때문이다. 학교에서 성적에 따라 학생들을 분류하는 것이 대입 경쟁과 사회에서의 경쟁을 준비시키는 것이고, 경쟁이 개인과 사회의 발전을 위해 반드시 필요하다는 이데올로기가 분류장치로서의 기능을 정당화하고 있는 것이다. 학생들은 이 같은 이데올로기를 수용한다. 수포자들은 자신의 노력이 부족했고 수학을 스스로 포기했다고 생각하며 선별에서 배제되는 것을 받아들이게 된다.

Ⅱ.
학교 안 구조

1. 불평등한 지식구조로서의 교육과정

가. 누군가에게 불리한 수학 지식

학교에서 가르치는 수학 지식은 외견상 가치중립적으로 보이지만 그 지식을 습득하는 과정과 결과는 결코 평등하지 않다. 동일한 시간 동안 동일한 노력으로 수학 공부를 하더라도 누군가는 더 많은 수학 지식을 획득하게 되고, 누군가는 그보다 적은 수학 지식을 획득하게 된다. 이는 수학이라는 학문적 지식 자체의 속성이 특정 계층에게 더 유리한 측면이 있기 때문이다.

교육과정사회학의 세계적 석학인 애플Apple1984은 수학이나 과학과 같이 명확한 내용구조와 뚜렷한 평가기준이 있고 산업 발달에 기여한다고 간주되는 과목을 '기술적 지식'이라고 정의했다. 그는 기술적 지식이 피지배 계층에 비해 지배 계층이 소유하기에 유리하다고 주장했다. 그런데도 학교는 예술이나 인문학에 비해 기술적 지식에 더 높은 지위와 더 많은 재정을 지원한다고 비판했다. 우리 교육도 마찬가지다. 예술이나 인문학보다 수학이나 과학에 더 많은 수업 시수를 할당하며 다른 과목보다 중요하게 취급한다. 또 학교는 예술이나 인문학을 잘하는 학생보다는 수학이나 과학을 잘하는 학생을 더 우수한 학생으로 취급한다.

교육과정사회학 분야를 선도적으로 개척한 영Young[1971]은 모든 지식은 객관적이고 공적인 것이라기보다 특정 집단의 소유라고 본다. 다만 학교에서 가르칠 만한 것으로 인정되는 지식이 공적 지식으로 둔갑한다고 주장하였다. 그는 학교에서 가르칠 만한 것으로 인정되는 지식은 문어성literacy, 개별성individualism, 추상성abstractness, 비일상성 unrelatedness 등의 특징이 있다고 보았다. 즉, 학교에서 다루는 지식은 구어적이기보다는 문어적이고, 집단적 활동보다는 개별적 활동을 통해 다뤄지며, 구체적이기보다는 추상적인 내용을 지니고 있고, 일상생활의 경험에서 벗어나는 경향이 있다는 것이다. 이러한 지식은 노동자 계층보다는 중상류 계층에게 더 익숙한 지식이다. 그렇기 때문에 학교에서 가르치는 지식은 노동자 계층보다 중상류 계층에게 더 유리할 수밖에 없다.

수학 교과의 지식은 이러한 요소와 정확히 일치한다. 수학에서 다루는 용어는 방정식, 함수 등과 같이 매우 추상적이며 문어적인 지식이다. 또한 수학 학습은 사회나 예술과목에 비해 협력하여 과제를 해결하는 형태보다 개별적으로 지식을 습득하고 문제를 해결하는 형태로 이루어지는 경향이 강하다. 그리고 확률, 통계, 도형 등과 같이 일상생활과 연관이 있는 단원도 있지만, 대부분의 단원은 일상생활과는 직접적인 관련성이 매우 적은, 고도의 추상적인 세계를 다루고 있다.

영서는 전교 학생회 활동을 할 정도로 매우 성실하고 국어와 영어 같은 과목은 성적이 좋았는데, 유독 수학 성적이 낮았다. 영서는 중학교 입학 후에 함수를 이해하기 위해 학원이나 인터넷 강의를 듣는 등 다양한 노력을 했다. 하지만 아무리 노력해도 함수를 이해하기 어려웠다고 한다. 영서의 사례를 통해 볼 때 개인의 노력 여부를 떠나 개인의 성향과 기질, 혹은 사회문화적 배경에 따라 수학 교과의 지식을 이해하는 데 근본적인 불리함이 있을 수 있다.

> 권영서 중학교 때 함수를 처음 봤을 때, 이런 거 봤는데, 도저히 이해가 안 되는 거예요. 이게 이해가 안 되는데, 이걸 이해하려고 하는데, 함수만 계속 붙잡고 있을 수는 없는 거잖아요. 뒤에 다른 것도 있으니까. 그런데 함수가 지금까지도 나오는데, 좀 제대로 했으면 풀 수 있었을 텐데 하는 생각이 지금도 들어요.

영서 이외에도 중학교 이후에 수학에서 문자가 나오고 공식을 외우는 것이 낯설고 힘들어 수학을 포기했다는 학생들이 많았다. 문자나 공식은 추상성과 비일상성이 높은 지식이기 때문에 수학적 성향이 낮은 학생들은 이를 이해하는 데 시간이 오래 걸릴 수 있다.

반면에 비교적 문어성, 개별성, 추상성, 비일상성이 낮은 단원인 도형, 확률, 통계 등은 수학을 포기한 학생들도 재미있게 수업에 참여한다는 것을 확인할 수 있었다.

권영서 도형 파트가 쉬웠고 그나마 재미있었으니까 열심
히 했는데, 도형 파트가 끝나니까 또 계산 파트가
나오는 거예요. 그러니까 또 안 하게 되죠. 그나마
도형이 수학에 대한 좋은 이미지를 갖게 해 준 파
트예요. 그래서 도형을 할 때마다 수학 공부 다시
해 볼까 하는 생각을 했어요.

박희영 초등학교, 중학교까지는 수학이 재미있었던 거 같
아요. 제가 도형 하는 걸 좋아했었고. 공식도 없고
되게 쉽고 간단하니까 할 만했던 거 같아요. 근데
점점 올라가면서 공식 외울 것이 많아지면서 수학
을 못하게 된 것 같아요.

김성근 미분, 적분 배울 때에는 잠만 자던 아이들도 확률
과 통계 배울 때는 공부를 하니까 주위에서 신기
하게 보죠. 그런데 저희는 할 수 있는 것이 나오니
까 하는 거거든요. 만약에 확률과 통계도 공식을
써서 풀어야 했다면 안 했을 것 같아요.

결국 수학 교육과정에 속한 지식은 어떤 특성이 있느냐에 따라 누
구에게는 유리한 반면 누구에게는 불리할 수 있다는 것이다. 즉 수
학적 지식 중에서도 문어성, 개별성, 추상성, 비일상성이 높은 영역을
강조하면 특정 계층에게만 유리한 경쟁이 된다. 따라서 학벌 및 대입

경쟁에서 수학을 강조하는 것이 공정하지 않은 이유는 수학적 지식 자체가 누구에게는 아무리 노력해도 이해하기 어려운 지식이기 때문이다.

수학 성적을 바탕으로 높은 지위와 재화를 독점할 기회를 주는 것은, 비유컨대 수영 실력을 바탕으로 높은 지위와 재화를 독점할 기회를 주는 것과 마찬가지로 불공정하다. 수영은 특정한 신체적인 조건을 갖춘 사람(팔다리가 길고 폐활량이 많은 사람)이나 수영할 기회가 많은 사람(바닷가에 사는 사람)에게 유리하다. 이런 조건이나 기회를 갖추지 못한 사람에게까지 수영 실력을 강요하는 것은 불공정한 경쟁이다. 이와 마찬가지로 수학 성적으로 경쟁하는 것이 반드시 공정한 것은 아니다.

수학 교육과정이 보다 평등한 지식구조가 되려면 수학 교육과정을 구어성, 협력성, 구체성, 일상성을 높이는 방향으로 재구조화해야 한다. 수학 교육과정에서 제시되는 지식이 좀 더 학생들의 삶과 연관되는 구체적인 내용으로 구성되고, 수학을 배우는 과정 역시 협력적이고 활동적인 과정으로 이루어진다면 상당수의 학생들이 수학을 포기하지 않고 수학을 배우는 즐거움을 얻게 될 것이다.

나. 재도전할 기회를 주지 않는 교육과정

수포자들은 수업 시간에서의 소외, 시험 시간에서의 살인적 인내, 우열반 수업에서의 열등감 등을 경험하면서 수학에 대한 상처를 갖게 된다. 하지만 고등학교 1, 2학년 시기에 다시 한 번 수학에 도전하는 수포자도 있다. 이는 중학교 시절에 수학을 이해하기 어려워 수학을 포기하게 되었지만, 그럼에도 불구하고 대학입시에서 수학이 차지하는 비중이 워낙 크기 때문에 조금이라도 수학 성적을 만회하려는 것이다.

그것도 잠시뿐, 대부분의 수포자들은 다시 수학을 포기하게 된다. 그 이유는 수학 자체의 학문적 특성과 우리나라 수학 교육과정의 문제점 때문이다. 수학이라는 학문은 위계성이 매우 강한 특성이 있다. 쉽게 말해 낮은 수준의 지식을 이해하지 못하면 그다음 단계의 지식을 이해하기 어려운 것이 수학의 학문적 특징이다. 물론 다른 과목의 지식도 이러한 위계성을 갖고 있지만, 수학에 비해 다른 과목은 지식의 위계성이 상대적으로 약한 편이다. 예컨대 중학교 국어 수업 시간에 문학을 제대로 공부하지 않았다 하더라도 고등학교 국어 수업 시간에 문학을 공부하는 것은 충분히 가능하다. 그러나 수학의 경우 일차방정식을 제대로 이해하지 못한 상태에서 이차방정식, 고차방정식을 이해하는 것은 거의 불가능하다.

게다가 우리나라 수학 교육과정은 배우는 양이 매우 많고 난도가 높을 뿐만 아니라 예전에 배운 내용을 다시 반복하여 복습하지 않는 방식으로 구성되어 있다. 미국, 일본, 싱가포르, 영국, 독일, 핀란드 등 세계 각국의 중학교 수학 교육과정과 우리나라의 중학교 수학 교육과정을 비교한 자료^{사교육걱정없는세상, 2015}에 의하면, 중학교 수학 항목 60개 가운데 우리나라에서 가르치는 시기가 다른 나라보다 빠르거나 우리나라에서만 가르치는 항목이 평균 17.5개로 전체 항목 가운데 30% 정도에 해당한다. 쉽게 말해 우리나라 중학교 수학 교육과정 가운데 30% 정도는 다른 나라에서는 고등학교 때 다루거나 아예 다루지 않는다는 뜻이다.

이렇게 우리나라의 수학 교육과정의 분량이 많고 난도가 높은데, 설상가상으로 교육과정 구조가 '나선형 교육과정'이 아니라 사실상 '직선형·계단형 교육과정'으로 되어 있다. '나선형 교육과정'이란 이전 학교급이나 학년에서 배운 내용을 상급 학교나 학년에서 다시 반복하여 복습하고 이를 심화시켜 나아가는 형태의 교육과정을 말한다. 우리나라 교과 교육과정은 대부분 이러한 나선형 교육과정 구조로 되어 있다. 하지만 수학 교육과정은 표면상으로 나선형 교육과정을 표방하지만, 사실상 이전에 배운 내용을 다시 복습할 기회를 갖지 못한 채 (직선형) 갑자기 훨씬 더 어려운 내용이 나오는(계단형) 구조로 되어 있다.

예를 들어, 고등학교 수학 교육과정에 나오는 삼각함수를 이해하려면 삼각비, 피타고라스 정리, 함수, 방정식 등을 모두 알아야 한다. 그래서 중학교 때 수학을 포기한 학생이 고등학교 삼각함수를 이해하기 위해서는 중학교 3학년, 2학년, 1학년, 심지어 초등학교 6학년 수학 교육과정까지 다시 내려가서 자신이 모르는 부분을 다시 학습해야 한다. 이는 사실상 불가능하다. 설령 초등학교 6학년 교육과정까지 내려가서 다시 익히고 올라오더라도, 고등학교 삼각함수를 배우는 여력이 남아 있지 않게 된다. 결국 구멍 난 곳을 메우는 데 에너지를 다 쏟고 나면 공부할 여력이 남아 있지 않게 되어 수학을 다시 포기하게 된다.

김성근 이전 걸 해 보려고 교과서를 안 버려요. 하지만 이

전 걸 해 보면 잘 몰라요. 일단 그 교과서를 덮고 이전 교과서를 꺼내죠. 그거는 수업 시간에 자면서 들은 것 같은데, 거기 해 보면 그것도 몰라요. 그럼 또 다른 걸 펴고, 그렇게 내려가다 보면, 교과서 두 권 내려가면, 그 안에 내려간 단원이 여러 개예요. 그렇다 보니까, '이걸 언제 다 해?' 이러고 결국 안 하게 되죠.

수포자들이 수학에 재도전하다가 다시 포기하는 또 다른 이유는 수학 평가의 관행 때문이다. 고등학교 수학 시험에서 보통 교과서의 기초적인 내용을 출제하는 것이 아니라 이를 응용하거나 심화시킨 문제가 출제되기 때문이다. 앞에서 언급했듯이 면담 대상 학생들은 고등학교 수학 시험 시간에 3문제나 5문제 정도의 기초적인 문제까지만 풀 수 있었다고 한다. 수학을 다시 공부하겠다고 도전한 학생들도 이러한 고난도의 평가 문항 때문에 자신이 원하는 만큼의 성적이 나오지 않는 경험을 하게 된다. 그렇기 때문에 다시 수학을 포기하고 만다.

이렇게 다시 노력해도 수포자 상태를 벗어나지 못하는 것은 한 번 실패하면 재기하기 어려운 우리 사회의 모습과 유사하다. 예컨대 사업에 실패하여 많은 부채를 지게 되면 아무리 열심히 일을 해도 이자조차 갚지 못해 재기에 실패하는 경우가 많다. 이와 마찬가지로 한 번 수학을 포기한 학생들은 아무리 열심히 노력해도 교육과정의 공백을 메우지 못한다.

교육과정사회학자 애플Apple[1984]은 실업률, 노숙자 문제 등 사회 저소득층의 문제가 개인이 아닌 사회 시스템의 문제인 것처럼, 학습 부진의 문제 역시 개인의 노력 여부의 문제가 아니라 학교 시스템의 문제라고 주장했다. 자본주의 사회에서 이윤을 고르게 분배하는 것에 관심을 갖기보다 이윤 극대화에 관심을 갖는 것처럼, 학교가 지식을 공평하게 분배하는 것에 관심을 두는 것이 아니라 지식의 효율성과 생산성을 극대화하는 것에 목적을 두고 있다고 비판하였다.

과도하게 많은 분량과 고난도의 수학 교육과정, 도전의 기회를 주지 않는 수학 교육과정은 모든 학생들이 배움의 즐거움을 느끼고 수학적 사고력을 키우는 데 목적이 있는 것이 아니라, 소수의 학생들을 선별하는 역할을 한다. 이런 구조에서 수학 성적이 낮은 학생들은 학교와 교사의 관심과 지원에서 멀어지게 된다. 결국 수포자들이 또다시 수학을 포기하게 되는 것은 개인의 문제가 아니라 수학 교육과정의 문제이다. 열심히 공부해도 이해하지 못하게 만들어진 교육과정, 과거 배운 내용에 대해 충분히 학습할 기회가 주어지지 않는 수업, 고득점자를 변별하기 위해 어렵게 출제되는 평가 문항 등이 수학에서 재기할 기회를 박탈하는 수학교육의 시스템이라고 할 수 있다.

2. 불평등을 재생산하는 수업

고난도, 많은 분량의 교육과정은 필연적으로 일제식 수업을 유도한다. 교사는 많은 분량의 진도를 나가기 위해 빠른 속도로 수업을 진행하게 되고, 학생들은 모르는 내용을 질문한다든지 학생들끼리 서로 협력해서 문제를 해결한다든지 하는 학습활동을 해 볼 기회가 없게 된다.

최근 혁신학교 등에서 새로운 수업 혁신의 분위기가 확산되고 있다. 이러한 수업은 '교사의 자율적 전문성에 따른 교육과정 재구성', '학생 참여형·협력형 수업', '학생의 성장과 발달을 돕는 평가' 등 '교육과정-수업-평가의 총체적 혁신'의 맥락에서 이루어진다. 이러한 '배움 중심 수업'이 이루어지려면 여유 있는 시간 속에서 학생들의 배움이 보장될 수 있도록 하는 교육과정 적정화가 전제가 되어야 한다. 또한 학생들의 참여를 유도하기 위해서는 '소규모 이질 집단' 속에서 서로 가르치며 배우는 협력적 문화를 형성해야 한다.이형빈, 2015

이러한 협력과 배움 중심의 수업과 정반대 원리를 지니는 수업 형태가 '우열반 수업'이다. 흔히 '상반, 중반, 하반'으로 분류되는 '우열반 수업'은 애당초 '수준별 교육과정 운영'이라는 취지에서 시작되었다. 5·31 교육개혁 이후 7차 교육과정부터 확대되어 온 수준별 교육과정은 이질 집단보다는 동질적인 능력 집단을 편성하는 것이 우수 학생, 부진 학생 모두에게 효과적인 학습이 일어난다는 가정하에 실시되어 왔다.김재춘, 2004

7차 교육과정에는 이른바 '단계형, 심화보충형 수준별 교육과정'이 도입되어 수학 교과의 경우 '단계형 수준별 교육과정'을 운영하도록 규정되어 있었다. 더욱이 당시의 교육과정 문서에 "수준별 교육과정 운영을 위한 학습집단은 학교의 실정에 따라 다양하게 편성할 수 있다"고 명시되어 있어, 대부분의 학교에서는 사실상 우열반 수업을 운영하게 되었다. 수준별 수업은 특히 수학 교과에서 강조되었는데, 고등학교에서는 3개 학급을 '상-중-중-하' 반으로 분리하여 4개 학급으로 운영하는 형태가 일반적이었다. 문제는 이러한 우열반 수업이 이른바 '수준별 교육과정'의 취지를 살리는 방향이 아니라 그와는 정반대의 방향으로 운영되었다는 것이다.

본래 수준별 교육과정이란 모든 학생들의 개별적 특성에 맞는 교육을 제공하는 '교육과정 개별화'를 의미한다. 즉 여기서 말하는 '수준'이란 단순히 상·중·하를 구분하는 것이 아니라 '교육 내용의 난이도 수준과 학생의 학습 능력 수준'을 의미한다.한국교육과정학회, 2017 다시 말해 '수준별 교육과정'이란 학생의 학습의 수준과 방식이 각기 다르기 때문에 학생 개개인에 최적화된 학습량과 수준, 방법론을 제공하는 개인 맞춤형 교육과정을 의미한다.

그런데 7차 교육과정 당시의 수준별 수업은 사실상 '우열반 수업'의 의미로 감환되어 운영되어 왔다.성열관, 2008a 이른바 '하'반에는 학생들이 다들 학습 의욕이 저하되어 있고 이들을 독려하고 이끌어 갈 만한 존재가 없다. 반대로 '상'반에는 경쟁 문화가 일상화되어 있어 학생들 사이에 실질적인 협력이 이루어지기 어렵다. 그래서 '하'반 수업 분위기는 침체되어 있고 '상'반 수업 분위기는 살벌하다.

자신을 수포자라고 생각한 학생들은 수학 수업에 대한 기억 가운데 우열반 수업을 가장 끔찍했던 경험으로 회상했다. 중학교 때 우열반 수업을 경험한 지훈이는 이 수업에 대한 경험을 '참담했다'고 표현할 정도였다. 우열반 수업의 부정적인 요인은 자아효능감을 떨어뜨리는 것이다. 하위 능력을 가진 학생 그룹은 이질 집단에 속했을 때보다 자아효능감 또는 자기 충족적 예언이 저하되는 것으로 나타났으며,^{성열}관, 2008a 실제 학업성취도 향상 측면에서도 우열반 수업이 별다른 의미 있는 성취를 나타내지 못한 것으로 나타났다.^{백병부, 2010}

면담 대상 학생들 역시 하반에서 함께 수업을 하는 학생들과 자신을 모두 수학을 못하는 학생들로 낙인이 찍혔다고 인식했다. 그 결과 설사 자신의 수준에 맞는 수학 내용을 배운다 할지라도 학습 의욕이 생기지 않고 친구들과 떠들거나 딴짓을 하게 된다고 이야기했다.

> **함서윤** 하반은 공부 안 하는 애들끼리 모아 놓은 반이잖아요. 공부를 안 하게 될 수밖에 없죠.

> **권영서** 왜냐면 수준별이라는 게 따지고 보면 그냥 잘하는 애, 못하는 애 이거잖아요. 그럼 나는 이제 못하는 애에 속한 애야, 이런 게 박혀 있는 것 같아요. 그래서 하반 애들이 전체적으로 위축된 분위기가 있었던 것 같아요.

이처럼 수포자들의 수학 경험에서도 우열반 수업은 학생들을 열등한 학생이라고 낙인찍는 결과를 초래하는 것을 확인할 수 있었다. 우열반 수업의 영향은 단지 낙인효과에 그치는 것이 아니다. 우열반 반편성 경험을 지속적으로 하면서 수포자들은 자신을 열등한 존재로 인식하고 하반을 자신에게 적합한 반으로 받아들이게 된다. 결국 우열반 수업은 수포자들에게 자신의 낮은 수학 성적으로 불이익 받는 것을 수용하고 인정하게 하는 역할을 한다.

실제 학생들은 하반에 속하게 된 것을 제도의 문제보다는 개인의 노력의 부족으로 생각했다. 이들은 우열반 수업에 대해 참담한 경험을 하게 되지만, 결국 자신의 노력과 실력이 부족하여 하반에 편성되었고, 그것이 자신에게 적합한 집단이라고 생각했다. 결국 우열반 수업은 실제적으로는 수학 성적으로 학생들을 분류하는 것을 정당화하는 제도로 작동하고 있었다.

3. 불평등을 확인하는 평가

가. 평가의 사회학[2]

교육사회학에서는 학교교육을 자본주의 계급구조를 재생산하는 도구로 본다. 학생들은 교육과정을 통해 지배계급의 이데올로기나 통제 방식을 신체적·정신적으로 익히게 되고, 학교교육은 우리 사회의 불평등 구조를 재생산하는 역할을 한다. 부모의 부와 권력이 학벌을 매개로 또다시 자녀에게 대물림되기 때문이다. 이러한 구조를 정당화하는 핵심적인 장치가 바로 '평가'이다. '평가'란 사회적 지위를 배분하기 위해 '사람들을 나누고 줄 세우는' 방식이나 마찬가지다.

그러나 평가가 사회 불평등을 재생산하는 역할을 한다고 하여 평가 자체를 폐기할 수는 없다. 평가의 본래 목적은 학생들의 학업성취 정도를 파악하여 무엇을 잘하고 무엇이 부족한지를 알아내고, 학생들의

---

2. 이 내용은 이형빈(2015: 272-282)을 요약한 것임.

성장과 발달을 돕는 데 본래의 목적이 있기 때문이다. 평가는 그 유형과 방식에 따라 '학생의 성장'에 기여할 수도 있고, '학생의 변별을 위한 도구'로 전락할 수도 있다.

이를 좀 더 구체적으로 알아보기 위해서는 교육과정사회학자 번스타인Bernstein[1975]의 '분리classification'와 '통제framing'라는 개념을 이해해 볼 필요가 있다. 이 개념은 우리 사회의 거대 구조가 미시적인 일상생활에 작동하는 코드를 지칭하는 개념이다.

'분리'란 어떤 대상을 특정한 기준에 따라 나누고 등급화하는 정도를 의미한다. 예를 들어 학교에서 학생들을 '우등생/열등생', '모범생/문제아'로 나누는 것이 대표적이다. 이러한 분리 방식은 곧 '정신노동/육체노동'과 같은 우리 사회의 불평등 구조를 반영한 코드이기도 하다. 따라서 이러한 분리가 매우 약하거나 아예 분리에 관심을 두지 않는다면 그만큼 더 평등한 질서를 만들 수 있다.

'통제framing'는 사회적 상호작용이나 의사소통이 일정한 틀frame에 따라 이루어지는 방식이다. 예를 들어 교사는 일방적으로 설명을 하고 학생들은 가만히 앉아 받아 적기만 하는 일제식 수업은 '통제'가 매우 강한 방식의 수업이다. 이는 우리 사회의 비민주적 구조를 반영한 코드이기도 하다. '분리'가 약할수록 평등하고, '통제'가 약할수록 민주적인 구조라고 할 수 있다. 이러한 '분리'와 '통제'의 코드는 학교의 교육과정-수업-평가, 생활교육 등에도 적용될 수 있다.

평가에서 '분리'란 평가의 결과로 학생들이 어떻게 나뉘느냐 하는 문제이다. 분리가 강한 평가는 곧 상대평가이다. 상대평가의 목적은 학생들의 차이를 명확히 재는 것이다. 그렇기 때문에 차이를 측정하기

쉬운 영역, 예를 들어 단편적 지식의 습득에 주로 관심을 둘 뿐만 아니라 그 차이를 극대화하고자 한다. 이러한 평가는 모든 학생들을 서열화하는 데 목적이 있다.

그러다 보니 본래 목적을 상실한 비교육적인 방식의 평가가 이루어진다. 석차 9등급제가 적용되고 있는 고등학교에서는 동점자가 생겨 1등급 학생이 없어지거나 줄어드는 것을 예방하기 위해, 소위 공부 잘하는 학생이 우연한 계기로 2등급으로 밀려나지 않게 하기 위해 여러 가지 방법이 동원되고 있다. 시험의 난이도는 매우 높아서 수학 평균 점수가 30~40점이 나오는 경우도 있었고, 동점자가 나오는 것을 막기 위해 심지어 소수점 배점까지 매기는 경우가 있다.

반대로 '분리'가 약한 평가는 곧 절대평가이다. 절대평가는 단순히 학생들의 석차를 매기지 않는다는 의미만 있는 것이 아니다. 절대평가는 정해진 학습 목표에 학생들이 얼마나 도달했느냐를 평가하는 것이자, 동시에 모든 학생들이 학습 목표에 도달할 수 있도록 돕는 데 목적이 있다. 따라서 석차를 매기지 않더라도, 시험의 난이도가 지나치게 높다든가 점수를 촘촘히 매긴다든가 하는 방식은 절대평가의 취지와 어울리지 않는다.

통제framing가 강한 평가란 쉽게 말해 학생들을 하나의 틀frame에 강하게 가두어 놓은 평가를 말한다. 대체로 분리가 강한 평가는 자연스럽게 통제가 강한 평가로 이어진다.

통제가 강한 평가에서는 학생들이 스스로 정답을 창출하는 과정보다는 이미 정해진 정답을 골라내는 결과를 중시한다. 그리고 평가를 진행하는 질서나 규범이 엄격히 정해져 있다. 그렇기 때문에 하나의 정답만을 고르는 선다형 평가가 주로 활용된다. 여러 자료를 참고하여 다양한 답을 탐구하는 평가나 학생들이 서로 협력하여 문제를 해결하는 평가는 이루어질 수 없다. 심지어 평가가 학생을 통제하는 수단(이른바 '태도 점수')으로 작용하기도 한다.

반면에 통제가 약한 평가는 학생들이 지식을 스스로 창출하거나 활용하는 과정을 중시한다. 대표적인 것이 수행평가나 논술형 평가이다. 하지만 수행평가나 논술형 평가 역시 하나의 정답을 중시하는 형태로 이루어진다면 별 의미가 없다. 통제가 약한 평가는 무엇보다도 '정답의 개방성'을 중시하고, 그것을 찾아 나가는 과정, 혹은 이미 주어진 지식을 활용하여 새로운 아이디어를 창출하거나 이를 사회적 실천으로 연결하는 과정을 중시한다.

우리 사회는 유독 평가에 대한 신화가 강한 사회이다. 이러한 원리를 중시하다 보니 '표준화된 시험에 따른 성적'을 가장 공정한 경쟁의 방식으로 선호하는 문화가 정착이 되었다. 그러나 이제는 이러한 신화에서 벗어날 때가 되었다. 시험 성적으로 신분상승을 꾀하기보다는 사회의 불평등 구조 자체에 문제를 제기해야 할 때가 온 것이다.

또한 전통적인 평가 방식이 교육과정 및 수업에 미치는 폐해는 너무나 크다. '일제고사 방식의 상대평가'는 '강한 분리, 강한 통제'의 평가 방식을 낳을 수밖에 없고, 이는 교육과정과 수업을 획일화하며, 그 속에서 배움이 느리거나 사회경제적으로 열악한 계층의 학생들을 소외시킨다. 그리고 학생들은 일상적인 교육과정과 수업에서 불평등의 논리, 억압의 논리를 내면화하게 된다.

특히 교육과정-수업-평가 영역 중 가장 혁신의 정도가 더디고 힘든 영역은 평가이다. 입시의 영향과 과거의 관행이 그만큼 뿌리 깊기 때문이다. 반대로 교육과정-수업-평가가 혁신되려면 평가 혁신의 과제가 가장 절실하다.

나. 수학 시험의 목적, 평가인가 변별인가?

앞에서도 언급했듯이 시험의 목적은 학생들이 무엇을 알고 무엇을 모르는지 확인하고, 더 나은 가르침을 위한 정보를 제공해서 학생의 성장과 발달에 도움을 주는 것이다. 그런데 실제 교육 현장에서 시험은, 특히 수학 시험은 애초의 목적과는 다른 기능을 한다.

첫째, 평가는 교육 내용과 방법을 유도하고 통제하는 요인으로 작동한다. 지식 암기 정도를 묻는 선다형 평가가 이루어지면 강의식 설명형 수업이 이루어질 확률이 높으며, 과정 중심의 논·서술형 평가가 이루어지면 토론과 프로젝트형 수업이 이루어질 확률이 높다. 이 같은 평가 주도 교육Evaluation-Driven Education은 우리나라뿐 아니라 세계 각국의 교육에서 나타나는 공통 현상이다.지은림, 2017

둘째, 평가는 상급학교 진학을 위한 변별 수단이다. 이때 불합격한 사람이 결과에 승복하고 이의를 제기하지 않도록 하는 것이 이른바 '공정한 평가'의 중요한 목표이다. 입시 중심 교육 문화의 특징을 지닌 우리나라의 경우 평가는 선별과 배제의 수단으로 더 강한 역할을 한다. 그래서 우리나라 평가는 학교급이 올라갈수록 상대평가의 요소가 강해진다.

특히 수학 시험은 학생들의 선별과 배제의 중요한 기준이 된다. 수학만큼 정답과 오답이 분명하고, 잘하는 학생과 못하는 학생을 명확하게 변별하기에 좋은 과목이 없다. 수학 시험이 강력한 선별과 배제의 수단이 될수록 수학교육의 본래적 취지와는 거리가 멀어진다.

평가가 선별과 배제 수단으로 전락하면서 수업과 평가 사이에 더 많은 괴리가 생긴다. 최근 들어 이른바 '배움 중심 수업'이 강조되면서 모든 학생들이 참여하고 협력하는 방식으로 수업이 이루어지고 있다. 하지만 평가에서는 1등급 학생이 누구인지를 정확하게 변별하기 위해 4% 학생들만 맞히고 나머지 학생들은 틀릴 수밖에 없는 고난도의 문제가 출제된다. 이 과정에서 수업과 평가의 목적이 불일치하는 현상이 발생한다.

면담 대상 학생들은 대부분 수학 시험에서 1번부터 3번이나 5번까지의 문항은 풀 수 있었지만 나머지 문제는 손도 못 댄다고 이야기했다. 지훈이는 이런 문제를 '꼬아서 낸' 문제라고 이야기했다.

---

30. 최고차항의 계수가 6π인 삼차함수 $f(x)$에 대하여 함수 $g(x) = \dfrac{1}{2+\sin(f(x))}$이 $x = \alpha$에서 극대 또는 극소이고, $\alpha \geq 0$인 모든 α를 작은 수부터 크기순으로 나열한 것을 $\alpha_1, \alpha_2, \alpha_3, \alpha_4, \alpha_5, \ldots$라 할 때, $g(x)$는 다음 조건을 만족시킨다.

(가) $\alpha_1 = 0$ 이고 $g(\alpha_1) = \dfrac{2}{5}$이다.

(나) $\dfrac{1}{g(\alpha_5)} = \dfrac{1}{g(\alpha_2)} + \dfrac{1}{2}6$

$g'\left(-\dfrac{1}{2}\right) = a\pi$라 할 때, a^2의 값을 구하시오. (단, $0 < f(0) < \dfrac{\pi}{2}$)[4점]

수학 교사들도 풀기 힘든 '꼬아 낸 문제'의 예
(2019학년도 수능 가형 30번 문제)

김지훈 어떤 값을 구하기 위해서 방정식 같은 걸 변형시
      키고 그러잖아요. 그런데 기본적인 문제를 변형시
      킨 문제가 아니라 한 번 더 꼬아 가지고 문제를 내
      더라고요. 그러면 무엇을 꼬았는지 캐치를 해야 하
      는데 제가 어떻게 캐치를 해야 하는지 잘 모르겠
      어요. 그걸 잘 못해 가지고 성적을 많이 못 올렸던
      것 같아요.

　면담 대상 학생들은 수업을 열심히 참여한다고 해도 시험에서 좋은 성적을 얻는 것은 별개의 문제라고 이야기했다. 실제 수학 시험에서는 수학 수업에서 배운 내용보다 훨씬 어려운 문제들이 출제되기 때문이다. 그러니 학생들은 수업보다는 평가에 더 많은 관심과 에너지를 쏟게 된다. 학생들은 수업 내용만으로는 시험에서 높은 점수를 받기 어렵기 때문에 고난도 문제를 다루는 사교육에 참여하게 된다.

　이 과정에서 수학 수업 내용을 이해하지 못하는 학생과 학교 수업만으로는 만족하지 못하는 학생으로 양극화된다. 수업 내용을 이해하지 못하는 학생들은 수포자가 되고, 학교 수업만으로는 만족하지 못하는 학생은 4%(내신 1등급)만 풀 수 있는 고난도 문제를 익히기 위해 사교육에 참여하게 된다. 사교육에 참여하는 학생들이 많아져 고난도의 문제를 더 많은 학생들이 풀게 되면, 학교 교사들은 학생 변별을 위해 또다시 더 어려운 문제를 출제하는 악순환이 반복된다.

　선별을 위한 평가를 따라잡기 위한 소수 학생들의 노력이 반복될수록, 처음부터 그 경쟁에 참여할 능력과 의사가 없었던 수포자들과 상

위권 학생들의 격차는 더 벌어지게 된다. 이렇게 '고난도의 직선형 교육과정 → 소수의 학생만 참여하는 수업 → 변별과 선발을 위한 평가'의 악순환 구조가 수포자를 재생산하고 있는 셈이다.

III.
교실 안 구조

1. 학생을 투명인간 취급하는 교사

수업은 교사의 가르치는 행위(교수)와 학생의 배우는 행위(학습)로 구성되어 있으며, 교사-학생, 학생-학생 사이의 역동적인 상호작용이 이루어지는 곳이다. 이러한 구조 속에서 수업에서 허용되는 것과 허용되지 않는 것에 대한 규범, 학생과 교사 사이의 질서와 문화가 형성된다. 일반적으로 우리나라 수업문화에서는 학생들이 배워야 하는 지식을 교사가 선정하고 다듬어서 강의 위주의 일제식 수업으로 진행된다.

지금으로부터 30여 년 전에 이루어진 이인효[1990]의 연구는 현재 고등학교 수학 수업문화를 이해하는 데 여전히 도움을 준다. 그에 따르면 우리나라 고등학교 문화에서 인정받는 교사는 '학생이 알아야 할 내용의 수준을 정해 주고, 중요한 부분을 뽑아내며, 그것이 어떤 형식으로 시험에 나오는지를 가르쳐 주는 교사'이다.

또한 딴짓을 하려는 학생들을 잘 통제해서 '공부하려는 아이들'이 공부에 집중할 수 있는 분위기를 만들 수 있어야 유능한 교사로 인정받는다. 학생을 강압적으로 통제하며(예를 들어, 그 선생님 시간에는 떠들어서는 안 된다는 이미지 심어 주기) 학생들이 자발적으로 복종하게 만들고, 학생들에 따라 다른 통제 방법을 쓰는 것이 효과적인 교사의 지도 방법이었다.

> **김 교사** 남학생들은 가끔 패 줘야 돼요. 그러지 않고 가만 놔두려면 속으로 삭여야 되고 내 속에 스트레스가 쌓여서 풀리지 않아요. 그리고 아이들도 니네들 맘 대로 해라 하고 포기하게 돼요.
>
> **이 교사** 아이들은 가끔 때려야 돼요. 그래야 걔네들 머릿 속에 그게 남아 있어요.이인효, 1990: 128

'공부를 하려는 아이들'과 '공부를 하지 않으려는 아이들'이 공존하고 있는 학급 상황에서 되도록 많은 학생이 좋은 대학에 들어갈 수 있도록 수업해야 하는 인문계 고등학교 교사는 '공부를 하지 않으려는 아이들'이 '딴짓'을 하지 못하도록 통제하여 '공부'하는 분위기를 만들고, 시험에서 높은 점수를 받을 수 있는 방식으로 교과를 가르친다.이인효, 1990: 134

이인효[1990]의 연구에서 기술된 우리나라 고등학교 수업에서 교사의 역할이나, 이 연구에서 면담 대상자들이 진술하는 현재 수학 교사의 역할 사이에는 별다른 차이점이 존재하지 않는다. 30년 전이나 지금이나 고등학교 교사의 수업 목적은 가급적 많은 학생이 좋은 대학에 들어가는 데 도움을 주는 것이다. 대학입시에서 가장 큰 비중을 차지하는 수학 수업 역시 수능에서 학생들이 높은 점수를 받는 데 도움이 되는 것을 목적으로 한다. 더욱이 수능 시험에 EBS 교재와 연계된 문제가 출제되어 왔기 때문에 고등학교 수학 수업 시간에는 교과서를 아예 덮어 놓고 EBS 교재 풀이만 하는 모습을 흔히 볼 수 있다.

다만 이인효[1990]의 연구에서 나타나는 30여 년 전 교실문화와 지금의 교실문화의 차이는 '체벌을 통한 엄격한 통제'이다. 2010년 경기도 학생인권조례 제정, 2010년 서울특별시교육청의 체벌금지 조치, 2011년 「초·중등교육법 시행령」 개정을 통해 전국의 모든 학교현장에서 체벌이 법적으로 금지되었다.

체벌 금지 이후 상당수의 학교에서는 수업 혁신, 회복적 생활교육 등의 대안적 방법을 모색하고 있다. 그러나 고등학교 수학 수업의 경우 단지 수업의 형태를 바꾼다고 하여 모든 학생을 수업에 참여시킬 수 있는 것은 아니다. 왜냐하면 앞에서도 언급했듯이 이미 수학 선수학습에서 상당한 공백이 있는 수포자들은 아무리 학생 참여형·협력형 수업을 진행하더라도 고등학교 수학 교육과정을 이해하는 것은 거의 불가능하기 때문이다. 이는 수업 혁신의 문제가 아니라 국가교육과정의 문제, 대학입시의 문제이다.

그렇다면 과거와 같이 '체벌을 통한 엄격한 통제' 이외의 뾰족한 방법을 찾지 못하는 교사들은 수업 시간에 수포자들이 다른 학생의 학습을 방해만 하지 않으면 엎드려 자거나 핸드폰 게임을 하는 것, 다른 책을 읽는 것 등을 허용하게 된다. 과거나 현재나 모두 '공부하는 애들만 데리고 가는 수업'이 진행되는 것은 동일하다. 다만 과거에는 수포자들을 체벌 등을 통해 강압적으로 통제했지만, 지금은 이들이 교실에 마치 '있으나 마나 한 존재', '투명인간'으로 남아 있기를 원한다. 이러한 교실 규범의 변화를 면담 대상 학생들은 다음과 같이 증언한다.

> 이주원 절반도 수업 안 들어요. 예체능 가는 애들은 아예 안 듣고, 자는 애들도 있고.
>
> 연구자 엎드려 자는 애들은 선생님이 깨우지 않아요?
>
> 이주원 깨우다 계속 자면 그냥 내버려 둬요.
>
> 이민준 네. 자거나 자기 할 일 하죠. 연극하는 애들은 대본 읽고. 자기 할 일 하죠.
>
> 박희영 아, 그냥 노는 시간이다. 고등학교 1학년 때 선생님이 떠들거나 핸드폰 하거나 자는 애들을 신경을 안 쓰셨어요. 그러니까 '너네는 떠들고 놀고 알아서 해라, 나는 같이할 애들만 데리고 수업을 하겠다.' 이런 마인드이셔서. 제 친구들도 다 같이 놀거나, 자거나, 핸드폰 하거나.

이 같은 교실문화에도 예외는 있다. 특목고에 재학 중인 준서에 따르면, 일반고와 달리 특목고의 경우 과거의 교실 규범이 여전히 존재하는 것으로 나타났다. 일반고 학생들은 수업 내용이 이해되지 않거나 필요하지 않으면 수업에 참여하지 않고 엎드려 자거나 다른 행동을 한다. 하지만 특목고의 경우 교실문화가 엎드려 자거나 딴짓을 할 수 있는 문화가 아니기 때문에 수업을 듣는 척, 이해하는 척을 하며 수업에 임하게 된다.

> 이준서 저는 수학 수업 내용을 거의 이해하지 못하는 것 같아요.
>
> 연구자 그러면 그 시간에 뭐 해요?
>
> 이준서 열심히 듣는 척하죠.
>
> 연구자 엎드려 있거나 그렇지는 않고?
>
> 이준서 네. 그냥 뭔가 쓸 게 있으면 최대한 필기하고, 내가 뭔지 알아 그런 눈빛을 보내고, 애들 발표하면 그거 들어 주고…….

특목고 학생 준서도 교실 안에서 투명인간이기는 마찬가지다. 그러나 일반고의 수포자와는 달리 교사나 학생들은 준서가 수포자라는 사실을 알아차리지 못한다. 준서가 특목고의 교실문화 때문에 차마 엎드려 자거나 딴짓을 하지 못하고 수업을 이해하는 척 연기를 하기 때문이다. 준서는 '투명인간'이자 '슬픈 피에로'이기도 하다.

교사들 역시 수포자들이 경기에서 이미 패배한 사람들이라는 것을 인정하고 있기 때문에 이 학생들에게 수학 학습을 강요하지 못한다. 그렇다고 이들 학생들을 대놓고 투명인간 취급하는 것도 쉽지 않다. 그렇기 때문에 교사들도 딜레마에 빠진다.

성열관[2016]의 연구는 '수업 시간에 자는 학생'에 대한 교사들의 딜레마를 상세하게 분석하였다. 이 연구에서는 교사들이 겪는 딜레마를

'근본적 딜레마(성장 vs 통과의례)', '학생 사정과 규범 사이의 딜레마(규범 vs 이해)', '학습자와 수업 방해자 사이의 딜레마(수업 방해 vs 배울 권리)', '자괴감과 책임감 사이의 딜레마(자괴감 vs 책임감)', '책임 소재의 딜레마(내 책임 vs 구조 책임)', '실천적 딜레마(관행 vs 변화)'로 나누었다. 이러한 딜레마를 직면하는 교사는 다양한 대응 방식을 보이는데, 여기에는 학생의 규범 준수를 중시하는 유형, 교실 밖에서 해결하려는 유형, 보이지 않는 타협 유형, 수업 방해자로 보는 유형, 고군분투 유형, 실천적 협력 모색 등이 있다.

면담 대상 학생들이 느끼기에는 대부분의 수학 교사들이 겪는 딜레마는 '수업 방해 vs 배울 권리'에 해당한다. 교사들도 처음에는 엎드려 자는 수포자들을 깨워 어떻게든 하나라도 이해시키려고 노력한다. 하지만 이미 선수학습 부진이 상당히 누적되었기 때문에 이들을 다시 수학 수업 시간에 참여시키는 것은 거의 불가능하다는 사실을 깨닫는다. 그렇기 때문에 나중에는 수업 시간에 떠들지만 않으면 엎드려 자든, 핸드폰을 보든 전혀 상관하지 않는다는 것이다. 수포자들 역시 수업 시간에 공부하려는 학생들을 방해하지 않는 것이 자신들이 지켜야 할 규범이라고 인식하고 있다. 이런 점에서 사실상 교사와 수포자들 사이에는 '보이지 않는 타협'을 하고 있는 셈이다.

정리하면, 고등학교 교사의 수업 목표는 소위 좋은 대학에 학생들을 많이 보내는 것이다. 이를 위해 교사는 시험에 나올 만한 내용을 잘 정리해서 지식을 외우기 쉽게 가르치는 일명 '암죽식 수업'[이인효, 1990]을 진행한다. 과거에는 공부 안 하려는 학생이 공부하려는 아이들을 방해하지 못하도록 교사가 체벌 등을 통해 엄격하게 통제하여 엎드려 자거나 딴짓하기가 허용되지 않았다.

하지만 체벌이 비교육적인 행위라는 사회적 인식이 정착되면서 현재의 교실문화는 교사의 엄격한 통제가 이루어지지 않고 있다. 뿐만아니라 수능 영어 절대평가 전환 등으로 수학 성적이 대학입시에 더많은 영향을 미치게 됨에 따라 수학 교사들의 진도 부담이 과거에 비해 더욱 늘어났다. 엄격한 학생 통제는 어렵게 되고, 진도에 대한 부담이 커지면서 교실문화는 변화했다.

다른 교과에서는 수업 혁신을 통해 소외되는 학생이 없는 수업문화를 만드는 노력이 확산되고 있는 것도 사실이다. 그러나 수학의 학문적 특성, 수학 교육과정의 문제점, 대학입시에서의 부담 등으로 수학수업의 혁신만으로 수포자를 구제하는 것은 쉬운 일이 아니다.

이 같은 수업문화에서 교사는 과거 교사들과 같이 수업에 참여하지 않는 학생들에게 공부를 권유하거나 분위기 흐리지 못하도록 통제하지 않는다. 단지 자신이 나가야 할 진도를 방해하지 않기를 바랄 뿐이다. 결국 다른 학생들에게 방해가 되지 않는다면 핸드폰을 하거나 엎드려 자는 것, 다른 책을 보는 것 등을 교사는 허용한다. 교사는 이 속에서 다양한 딜레마를 경험하지만 '보이지 않는 타협'을 하는 셈이고, 결국 수포자들은 '투명인간'으로 취급받게 된다.

2. 수업 소외의 확대와 심화

문제는 수포자들만 수업에서 소외되는 것이 아니라는 점이다. 수포자 현상의 심각성은 수업에서 소외되는 대상이 수포자, 수학 잘하는 학생, 수학 교사로 확대된다는 것이다. 또한 수업 소외 현상은 평가 시간의 소외 현상으로 더욱 심화되어 간다.

수학 수업에서 첫 번째 소외 대상은 수학을 포기한 학생들이다. 이 학생들은 수업 내용을 전혀 이해하지 못해서 물리적 공간은 교실에 존재하지만 엎드려 자거나 핸드폰을 하는 등 다른 세계에 머무는 수업 소외를 경험하게 된다. 면담 대상 학생들은 엎드려 자는 이유가 잠이 와서가 아니라 그래야 시간이 빨리 지나가기 때문이다.

이형빈[2014]의 연구에서는 수업 시간에 잠을 자는 학생들의 경험을 현상학적 범주로 분석하였다. 이 연구에 등장하는 중학생 용주는 수학뿐만 아니라 거의 모든 과목을 포기한 학생인데, 용주는 장래에 컴퓨터 게임 프로그래머가 되려는 꿈을 갖고 있다. 그래서 컴퓨터학과가 있는 특성화고등학교에 진학하려고 한다. 그는 컴퓨터 게임 서버를 운영하느라 밤을 새우기 일쑤이고, 학교에서는 거의 모든 시간에 잠을 잔다고 하였다. 그가 유일하게 참여하는 수업은 체육 수업이었다.

> 연구자 매일 체육 시간이 있었으면 좋겠는데 아쉽겠네요?
> 김용주 네. 체육 시간이 없는 날에는 그냥 자요.
> 연구자 그 시간들이 아깝지는 않아요?
> 김용주 타임머신 탔다고 생각하면 되니까. 학교 와서 쭉 자다가 점심 먹고, 다시 쭉 자니 끝날 시간이 되는 거죠. 체육 시간이 있는 날은 그 시간을 위해 잠을 자며 체력을 비축해요.

연구자 어떻게 보면 밤을 위해 낮을 아껴 둔 거네?

김용주 그렇게 됐네요. 체육 시간을 위해 미리 자 두듯이. 이형빈, 2014: 35

용주에게 수업 시간은 크게 의미가 있는 시간이 아니었다. 단지 저녁 시간이나 체육 시간을 위해 미리 체력을 비축하는 시간이었다. 용주는 잠을 자는 시간을 '타임머신'을 탄 시간이라고 표현하였다. 그의 경험에서 수업 시간은 실제로 존재하지 않은 시간이나 마찬가지였다.

또한 앞에서 언급했듯이 연성이는 수학 시간에 잠을 자기 위해 밤 늦게까지 TV를 보고 학교에 오기도 했다. 수학 시간이 빨리 지나가는 것처럼 느낄 수 있도록 엎드려 자기를 선택한 것이다.

이연성 우리 반이 문과인데 그 반 애들이 대부분 수학 공부를 안 해요.

연구자 모두 몇 명이죠?

이연성 36명인데, 거기서 6명 정도. 많이 깨어 있으면 9명?

연구자 6~9명이 깨어 있고 나머지는 다 자고?

이연성 네. 6명이 공부 잘하는 애들이에요.

연구자 공부 잘하는 6명 듣고. 나머지는 다 자거나 딴짓 하고.

이연성 네. 자거나 다른 짓 하고.

학생들이 수업 시간에 잠을 자는 것은 다른 나라에서는 거의 나타나지 않는 우리나라 교육의 독특한 현상이다. 다른 나라의 경우 수업 참여 기피 현상으로 학교에 아예 나오지 않는 전략을 선택한다. 우리나라의 경우는 거의 모든 학생이 학교에 오는 높은 출석률을 보이지만 학교에 와서는 잠을 자는 방식으로 수업 참여를 기피한다.성열관·이형빈, 2014

두 번째 수업 소외를 경험하는 학생들은 수학 공부를 잘하는 학생들이다. 이것은 매우 의외의 현상이다. 학교의 수업은 주로 공부 잘하는 학생들을 대상으로 이루어진다. 그래서 면담 대상 수학 교사들이 주로 "하는 애들만 데리고 간다"라고 이야기했다. 그럼에도 불구하고 공부를 잘하는 학생들도 수업 소외를 경험한다. 그 이유는 수학 수업만으로는 고등학교 내신 상대평가에서 다른 학생보다 더 높은 점수를 받기 어렵기 때문이다.

경쟁자보다 더 높은 점수를 얻기 위해서는 다른 학생들이 틀릴 수 있는 고난도 문제를 맞혀야 한다. 변별을 위해 출제된 고난도 문제를 맞히기 위해서는 사교육에 의존할 수밖에 없다. 고난도 문제를 맞히는 학생들이 늘어나면, 교사는 수업 시간에 다룬 내용과 범위를 뛰어넘는 시험 문항을 출제하게 된다. 그럴수록 학생들은 더욱 학교 교육보다는 사교육에 의존하게 된다. 사교육에 의존하는 학생들은 학교 수업은 참여하지 않고 그 시간에 학원 숙제를 하거나 문제집을 풀면서 시간을 보낸다.

> 이혜림   그냥, 수업 시간에 수업 안 듣고 학원 교재 풀고
>   있어요.

연구자 수업 듣는 친구는 몇 명 정도 되는 거 같아요?

이혜림 5~10명이요. 그래도 샘이 문제 풀라고 하면 학원 교재 풀다가도 대답하고 잘해요. 이것저것.

혜림이의 말처럼 공부를 잘하는 학생들은 수업을 듣지 않다가도 교사의 질문에는 대답을 잘한다. 수업을 열심히 들어서 대답하는 것이 아니라 이미 학원에서 선행학습을 통해 알고 있는 내용이기 때문에 대답하는 것이다. 결국 공부를 잘하는 학생들 역시 물리적 공간은 교실에 존재하지만 실제로 거주하는 세계는 학원 문제집의 세계이다. 이 역시 수업 소외 현상이다. 수학 공부를 잘하는 학생도 스스로 수업 소외를 선택하는 셈이다. 결국 수학을 잘하는 학생이든 못하는 학생이든 모두가 수업 소외를 경험하게 된다.

세 번째 수업 소외를 경험하는 대상은 수학 교사이다. 교사가 거주하는 교실 안에는 수학을 포기한 학생과 수학을 포기하지 않은 학생, 이미 패배한 경기에서 남은 시간을 버티는 학생과 경기에서 이기기 위해 노력하는 학생이 존재한다. 더욱이 수학을 포기하지 않고 경쟁에서 이기기 위해 노력을 하는 학생조차 수학 교사의 수업에 참여하지 않고 사교육 시장이라는 별도의 세계에 존재한다. 그렇다면 교사 역시 이들과 다른 세계에 머물고 있다고 할 수 있다. 수업의 진행자인 교사 역시도 본인의 수업에서 소외되고 있는 셈이다.

학생들이 경험한 수학 수업은 대부분 교사가 이론을 설명하고 문제를 풀어 주는 강의 중심 수업이었다. 수학 수업에서 교사는 흥미가 없는 학생들을 대상으로 억지로 문제를 풀게 하고 많은 학생들이 엎드려 있는 모습을 보며 시간을 버텨야 하는 소외된 존재이다. 엄밀히 분석하면, 학생들은 경쟁을 이미 포기했거나 경쟁에서 이기기 위해 수업 소외를 '선택한 것'이라면 교사는 학생들이 수업 참여를 거부한 결과에 의해 수업 소외를 '당한 것'이라 할 수 있다.

이민경[2014]도 강의 중심의 수업이 교사 위주라 하지만 실제로는 강의 중심 일제식 수업에서 교사 역시 소외된다고 주장한다. 겉으로 보면 교사가 주도하고 일부 학생들이 수업에 참여하고 나머지 학생들이 수업에서 소외되는 것으로 보인다. 하지만 교사 역시 수업에 흥미가 없는 아이들을 대상으로 수동적으로 진행하며, 학생들의 반응도 없는 시간을 견디어야 하는 소외된 존재라는 것이다.

수포자와의 면담을 통해 수업 소외의 대상이 확대되는 것뿐 아니라 소외의 정도가 심화되는 현상이 함께 나타나는 것도 확인할 수 있었다. 수업 소외의 정도가 심화되는 현상은 주로 시험 시간에 나타난다. 학교 내신 시험은 주로 20문제에 50분, 모의고사는 30문제에 100분의 시간이 주어진다. 시험 시간에는 수학을 포기한 학생과 수학을 잘하는 학생이 분명하게 나타난다. 수학을 잘하는 학생은 시험 시간 안에 많은 문제를 풀기 위해 시간을 최대한 아껴 쓰지만, 수학을 포기한 학생은 풀 수 있는 문제가 별로 없기 때문에 시간이 남아돈다.

시험 시간은 수업 시간과 달리 핸드폰 하기, 책 보기 등이 금지되어 있다. 시험 시간에 움직일 수 있는 공간은 50센티미터 정도 되는 책상 위가 전부이다. 다른 곳으로 시선을 돌려서도 안 된다. 학생들은 이 좁은 공간에서 다른 곳으로 시선을 돌리지도 못한 채 50분 또는 100분을 버텨야 한다. 주원이는 반 학생들 중에서 3분이 2 이상의 학생들이 풀 수 있는 것만 풀고, 나머지는 그냥 '기둥 세우고'(한 줄로 찍는 것) 엎드려 잔다고 했다.

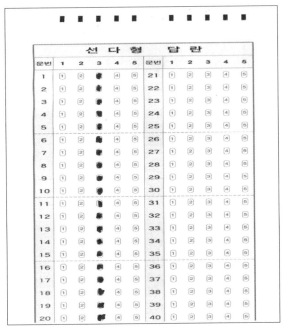

시험 답안지에 '기둥을 세운' 모습

연구자 그러면 시험 때는 어떻게 해요? 모의고사는 100분
         이나 되는데?

이민준 그때도 자요.

연구자 100분 내내?

이민준 자다 깨다, 자다 깨다 하죠.

연구자 그래도 한 1번부터 3번까지는 풀 수 있지 않나?

이민준 아, 그거는 풀려고 해 봤어요. 풀려고 노력은 하는

데 못 풀겠죠. 이게 갈수록 어려워지니까. 첫 번째 문제는 어떻게, 뭐 하면 될 것 같기도 한데 하다가 2번 문제부터는 어려워요.

내신 시험은 어느 정도 자면서 버틸 수 있지만 1시간이 훌쩍 넘는 시간이 남는 모의고사 시간은 자고 또 자도 끝이 없어 너무 힘든 시간이다. 학생들은 남는 시간을 어떻게든 버티기 위해 자기만의 방법을 고안한다. 시험지에 그림 그리기, 편지 쓰기, 좋아하는 노래 가사 쓰기 등 자고도 남는 시간을 뭔가 긁적거리며 시간을 보낸다.

> 이연성 왜, 억지로라도 풀 수 있는 문제들 있잖아요. 그거 푸는 데 시간이 오래 걸리는 것 같아요. 그러다 보면 한 시간 넘게 지나가는 거 같아요. 그럼 40분 정도 남으니까 백지에 그림 그리기도 하고. 제가 건축을 좋아해서, 집 설계도 좀 그려 보기도 하고. 그러다 보면 시간이 지나가요.

시험 시간에는 교사는 학생들을 감독하고 통제하는 역할을 한다. 그래서 시험 기간에는 이들을 '감독 교사'라고 부른다. 감독 교사의 역할은 학생들을 잠재적 부정행위자로 인식하고 학생들의 부정행위를 사전에 예방하는 것이다. 감독 교사 통제를 받으며 학생들은 책상 위에 놓인 답지에 정답이라고 생각하는 것을 체크하는 행위만 할 수 있게 된다. 이런 환경에서 수학을 포기한 학생들은 가만히 앉아서 종 치기만을 기다려야 하는 '억압적인 소외'를 경험하게 되면서 수업 소외는 심화된다.

면담 대상 학생들의 증언을 통해 알 수 있는 수업 소외 현상은 수업 소외의 '대상 확대'와 '질적 심화'였다. 수학 시간에 소외되는 학생들은 단지 수포자만이 아니었다. 수학 우등생 역시 고난도의 문제를 풀기 위해서는 학교 수업만으로 부족하다고 생각하여 사교육에 의존하게 된다. 그래서 수학 우등생들은 수업 시간에 학원 숙제나 문제집을 풀면서 자발적 수업 소외를 선택한다. 우등생과 수포자 모두 수업에 참여하지 않는 상황에서 교사 역시 수업에서 소외된다.

수포자들이 경험하는 수업 소외는 단순히 수업 시간에 교사들에게 투명인간 취급을 당하는 것에서 끝나지 않는다. 수학 시험 시간에 수포자들은 단순히 다른 세계에 머무는 것이 아니라 도저히 버티기 어려운 억압적 환경에 머물면서 소외 현상이 질적으로 심화된다.

IV.
요약

　교육과정사회학적 관점에서 수포자들의 수학 경험을 분석한 결과 우리나라의 수학 학습에 영향을 주는 여러 층위의 요소들이 있음을 확인할 수 있었다. 이와 같은 중층적 구조가 학생들이 수학을 포기하는 데 영향을 준다.

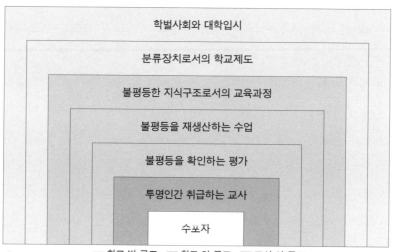

수포자를 둘러싼 교육사회학적 구조

정리하면, 수포자 문제에 영향을 주는 학교 밖 구조에는 학벌사회와 대학입시 그리고 분류장치로서의 학교제도가 있다. 우리나라의 독특한 학벌사회는 대학을 서열화한다. 서열화된 대학 중 어느 대학에 입학하느냐에 따라 사회적 신분이 결정되고 대학입시는 학생들의 사회적 신분을 결정짓는 매우 중요한 시험 병목으로 작용한다. 대입이라는 시험 병목에서 수학 성적은 매우 중요한 통과 기준이 된다. 학교는 시험 병목을 통과시키는 것을 목적으로 운영될 뿐 아니라 병목을 통과하는 학생과 그렇지 못한 학생을 분류하고 그것을 정당화한다.

　수포자에 영향을 주는 학교 안 구조는 불평등한 지식구조로서의 교육과정과, 불평등을 재생산하는 수업 그리고 불평등을 확인하는 평가가 있다. 학교에서 가르치는 수학 지식은 학생이 동일한 노력을 하면 동일하게 학습할 수 있는 것이 아니라 수학적 성향과 사회문화적 자본에 따라 누군가에는 유리하고 누군가에게는 불리한 것이다. 또한 우리나라 수학 교육과정의 구조는 선수학습 내용을 이해하지 못하면 현재 배우는 내용을 아무리 열심히 공부해도 따라갈 수 없는 구조이기 때문에 다시 도전할 기회를 주지 않는다. 우열반 중심의 수학 수업은 수포자에게 수학 못하는 열등한 아이라는 낙인을 찍을 뿐 아니라 스스로 열등함을 당연한 것으로 내면화하는 구조가 된다. 선별을 목적으로 하는 수학 시험에는 소수의 학생들만 맞힐 수 있는 고난도의 문제가 출제된다. 그래서 수업 내용을 어느 정도 이해했다 할지라도 원하는 성적을 얻지 못하는 학생이 생기게 된다.

　수포자 문제에 영향을 주는 교실 안 구조에는 투명인간 취급하는 교사가 있다. 수학 교사는 수포자들이 수학을 다시 공부하도록 도움을 주기보다 진도 나가기에 급급해 이들을 결국 투명인간 취급을 한다. 이와 같은 수학 학습을 둘러싼 구조는 결국 수포자를 양산하는 원인이 된다. 이 속에서 수업 소외 현상은 더욱 확대, 심화된다. 수포자만 수업에서 소외되는 것이 아니라 수학 우등생 역시 스스로를 수학 수업에서 소외시키며 사교육에 몰두한다. 수포자와 수학 우등생 모두가 수학 수업에 참여하지 않기 때문에 수학 교사 역시 소외당한다. 이처럼 수포자 현상은 교사, 수학 우등생, 수포자 모두가 수업에서 소외된다는 아이러니한 상황을 낳게 된다. 더욱이 수포자들은 50분 혹은 100분의 시험 시간 동안 극도의 비인간적 인내를 견뎌야 하는 소외 현상을 경험하게 된다.

제3부

수포자를 포기하지 마라

제1부 '모범생이 수포자가 되기까지'에서는 성실한 학생들이 초등학교, 중학교, 고등학교를 거치면서 수포자가 되는 과정을 이들의 생생한 증언을 통해 기술했다. 제2부 '수포자를 포기하는 사회'에서는 이들이 수포자가 될 수밖에 없는 사회적 구조를 '학교 밖 구조', '학교 안 구조', '교실 안 구조'로 나누어 해석하였다.

　이러한 기술(description)과 해석(interpretation)으로 멈출 수는 없다. 어느 실천적 지성인의 말처럼 "중요한 것은 세계를 해석하는 것이 아니라 세계를 변혁하는 것"이기 때문이다.

　제3부에서는 수포자를 포기하지 않기 위해 우리 사회가 노력해야 할 점들에 대해 제언하고자 한다. 여기에는 '제도적으로 개선할 일', '학교에서 할 일', '사회 구성원 모두가 할 일'이 있다. 이를 통해 우리 사회가 '수포자를 포기하지 않는 사회'가 되기를 바란다.

I.

제도적으로 개선할 일

1. 수학 교육과정 개선

가. 수포자도 즐겁게 배울 수 있는 교육과정

인터뷰에 참여한 수포자들은 하나같이 중학교에서 배우는 수학이 초등학교 때 배운 수학과 전혀 다른 것 같다고 이야기했다. 학생들은 중학교 수학에 영어가 나오는 것에 당황했고, 방정식과 함수 같은 용어가 낯설어 아무리 생각해 봐도 무슨 뜻인지 이해가 되지 않았다고 한다. 또 수학 공식들을 무의미하게 외우는 것이 너무 힘들었다고 한다. 그래서 대다수 학생과 학부모들은 초등학교 시절부터 중학교 수학 선행학습이 필요하다고 생각한다.

실제 초등학교와 중학교 수학 교육과정을 살펴보면 배우는 내용과 용어에 상당히 큰 간극이 있다. 초등학교 수학 교육과정에서 나오는 '수와 연산', '도형', '측정', '규칙성', '자료와 가능성' 등은 실생활에서 볼 수 있는 대상을 측정하고 규칙성을 발견하는 것이 주된 내용으로 되어 있다. 반면 중학교 수학 교육과정은 고등수학 학문체계와 비슷한 '문자와 식', '함수', '확률과 통계', '기하' 등으로 구성되어 있다. 중학교 수학에는 초등학교와는 달리 $x, y, f(x)$와 같은 문자가 등장한다. 이와 같은 문자는 대수학Algebra과 해석학Analysis의 기초적인 용어로, 결국 중학교 수학 교육과정부터 본격적인 고등수학을 다룬다고 볼 수 있다.

초등학교 5–6학년 중학교 1학년 수학 교육과정 비교

학년	영역	핵심 개념	내용 요소
초 5~6	수와 연산	수의 체계	• 약수와 배수 • 약분과 통분 • 분수와 소수의 관계
		수의 연산	• 자연수의 혼합 계산 • 분모가 다른 분수의 덧셈과 뺄셈 • 분수의 곱셈과 나눗셈 • 소수의 곱셈과 나눗셈
	규칙성	규칙성과 대응	• 규칙과 대응 • 비와 비율 • 비례식과 비례 배분
중1	수와 연산	수의 체계	• 소인수분해 • 정수와 유리수
		수의 연산	
	문자와 식	다항식	• 문자의 사용과 식의 계산
		방정식과 부등식	• 일차방정식
	함수	함수와 그래프	• 좌표평면과 그래프

사실상 고등수학이 시작되는 중학교 수학 교육과정은 배움이 느린 학생들이 학습하기 쉽지 않다. 특히 수학적 성향이 약한 학생들이 눈에 보이지 않는 추상적인 개념을 비일상적인 용어로 이해하는 것은 매우 어려운 일이다. 이는 마치 처음 물에 뜨는 것을 익힌 학생들에게

바로 접영이나 평영을 가르치는 것과 같다. 물론 운동신경이 뛰어난 학생들은 조금만 가르쳐 주어도 쉽게 접영이나 평영을 할 수 있을 것이다. 하지만 그렇지 않은 학생들에게는 물에 적응하는 시간이 필요하고, 호흡법이나 자세교정 등도 배워야 한다. 그런데 우리나라 수학 교육과정은 이런 개인의 차이를 고려하지 않고 모두에게 똑같은 수영법을 강요하고 있는 셈이다.

외국의 수학 교육과정에는 이러한 어려움을 해결하려는 노력들이 나타난다. 프로이덴탈 연구소에서 만들어 우리나라에도 보급된 MIC(Mathematics in Context) 교과서의 경우 처음부터 문자를 사용하지 않는다. 학생들이 쉽게 찾을 수 있는 규칙성부터 찾게 하고, 이를 문자를 통해 간단히 정리하는 상황을 제기한다. 이를 통해 숫자를 사용하는 것보다 문자를 사용하는 것이 효율적이고 편리하다는 것을 경험하게 한다. 실생활 상황에서 문자를 사용할 수 있는 과제를 다양하게 제공하여, 학생들이 문자를 자연스럽게 받아들일 수 있는 기회를 제공하는 것이다.

수학적 개념을 도입하는 과정에서도 외국의 수학 교육과정은 우리나라와 큰 차이가 있다. 예를 들면 우리나라 수학 교육과정 중 일차방정식 단원의 경우, '일차방정식의 정의', '일차방정식과 다른 식의 구분', '일차방정식을 활용하는 문제' 순으로 과제를 제시한다. 하지만 미국 초중학교에서 많이 사용되는 교과서인 CMP(Connected Mathematics Project)에서는 일상생활에서 찾을 수 있는 다양한 선형관계Linear Relationships를 표현하는 방식 중 하나로서 일차방정식을 제시한다.

예를 들면, '일정한 속도로 걸을 때 시간과 거리의 관계'와 같은 선형관계를 표나 그래프로 다양하게 표현해 보게 한다. 그리고 그것을 일차방정식과 연결하는 방식으로 교육과정이 구성되어 있다. 이를 통해 학생들이 일차방정식을 '수학 개념'으로 외우는 것이 아니라, '일상생활을 이해하고 표현하는 방식'으로 이해할 수 있도록 돕는 것이다.

이처럼 외국의 수학 교육과정은 문자를 도입하거나 생소한 개념을 제시할 때 학생들이 쉽게 이해할 수 있도록 다양한 기회를 충분히 제공한다. 단원명도 역시 우리나라처럼 학문적 용어를 사용하기보다 학생들이 일상에서 배우는 용어를 사용하는 경우가 많다. 독일 교과서에서는 일차함수, 이차함수라는 용어 대신 '바퀴와 톱니바퀴'라는 용어를 쓰고, 미국 교과서인 MIC에서는 방정식이라는 용어 대신 '가격 알아보기'라는 단원명을 쓴다.사교육걱정없는세상, 2015 그래서 학생들이 익숙한 용어로 수학을 접할 수 있도록 구성되어 있다.

우리나라에서도 수차례 수학 교육과정 개정을 통해 학생들의 학습 부담을 줄이려는 노력을 하였지만, 주로 배우는 시기를 조정하거나 내용을 축소하는 변화가 있을 뿐이었다. 외국의 사례와 같이 학문적 용어를 친근한 용어로 바꾸거나, 추상적인 개념을 익숙한 방식으로 배우도록 하는 노력은 이루어지지 않고 있다. 따라서 향후 수학 교육과정은 "초등학교를 마친 학생들이 본격적인 고등수학을 접하게 하려면 어떤 다리를 놓아야 할 것인가?", "인지적 발달이 늦고 수학적 성향이 낮은 학생들도 수학적 개념을 이해하려면 어떤 방식으로 내용을 조직해야 할 것인가?"와 같은 질문에 대한 해답을 찾는 방식으로 개정되어야 한다.

나. 하나의 개념을 여러 관점에서 반복적으로 배우는 교육과정

우리나라 수학 교육과정이 수포자를 양산하는 이유 중 하나는 한 번 다룬 주제를 다시 다루지 않는다는 것이다. 형식적으로는 '나선형 교육과정'을 표방하지만 실질적으로는 '직선형·계단형' 교육과정이다. 예를 들어 초등학교 3학년에서 분수의 사칙연산을 배웠다면, 그 이후의 교육과정은 모든 학생이 분수의 사칙연산을 할 수 있다는 전제로 구성되어 있다. 이 때문에 인터뷰에 참여했던 수포자들은 중학교에서 수학에 재도전하려면 초등학교 내용부터 다시 공부해야 하니 그 과정이 너무 힘들어서 다시 수학을 포기했다고 했다.

핀란드의 수학 교육과정에는 이러한 어려움을 해결하려는 노력들이 나타난다. 핀란드의 학교 체제는 한국과 달리 초중 9년제이고, 교육과정은 초중 9년제 1~2학년군, 3~6학년군, 7~9학년군으로 나뉘어 있다. 수학 교육과정의 내용 영역은 다음과 같다.The Finnish National Board of Education, 2014

1~2학년	3~6학년	7~9학년
(1) 사고능력 (2) 수와 연산 (3) 도형과 측정 (4) 정보처리와 통계	(1) 사고능력 (2) 수와 연산 (3) 대수학 (4) 도형과 측정 (5) 정보처리와 소프트웨어, 통계와 확률	(1) 사고능력 (2) 수와 연산 (3) 대수학 (4) 함수 (5) 도형 (6) 정보처리, 통계와 확률

한국의 교육과정과 달리 핀란드의 교육과정은 매우 단순하면서도 그 위계성이 분명하다. 1~2학년에서 배운 것을 3~6학년에서 다시 배우면서 심화시키고, 이를 다시 7~9학년(중학교)에서 반복 심화시킨다.

내용 영역도 4항목에서 5항목, 6항목으로 조금씩 늘어난다.

또한 한국의 수학 교육과정에서 소홀히 하고 있는 영역이 눈에 띈다. '사고능력' 영역을 통해 수학적 발견과 탐구를 중시하고, '정보처리'를 '통계와 확률'과 연계하여 실생활에 적용하고 있다. 제2부에서 언급했듯이 우리나라 수학 교육과정에 나오는 지식은 '문어성', '개별성', '추상성', '비일상성'이 강해 특정 학생들에게 불리한 구조로 되어 있다. 반면 핀란드 수학 교육과정은 수학적 사고능력과 실생활의 연계를 강조하여 모든 학생들이 수학을 배우는 즐거움을 느낄 수 있도록 되어 있다.

우리나라와 달리 외국의 수학 교육과정은 하나의 개념을 여러 학년에 걸쳐 다양한 관점과 방식으로 배우는 사례가 많다. 핀란드 수학 교육과정의 세부 내용을 보면 이러한 특징을 좀 더 구체적으로 알 수 있다. 아래 내용을 통해 '정보처리, 통계, 확률' 영역이 학년군별로 어떻게 반복 심화되고, 실생활에 적용되는지 알 수 있다.The Finnish National Board of Education, 2014

[1~2학년, 정보처리와 통계]

학생들은 관심 있는 주제에 대한 데이터를 수집하는 능력을 계발하기 시작한다. 학생들은 간단한 표와 막대그래프를 그린다.

[3~6학년, 정보처리와 소프트웨어, 통계와 확률]

학생들은 관심 있는 주제에 대한 데이터를 체계적으로 수집하는 능력을 계발한다. 학생들은 정보를 표와 도형으로 기록하고 표현한다. 학생들은 통계적으로 핵심적인 수치를 통해 값, 평균, 최빈값 중에 무엇이 중요하고 덜 중요한지 알기 시작한다.

[7~9학년, 정보처리, 통계와 확률]

학생들은 데이터를 수집하고 구조화하고 분석하는 능력을 심화시킨다. 학생들은 평균과 최빈값의 개념을 이해한다. 학생들은 빈도, 중간값을 정의하는 연습을 한다. 학생들은 분산의 개념과 친숙해진다. 학생들은 서로 다른 도표를 해석하고 산출한다. 학생들은 확률을 계산한다.

미국의 수학 교육과정도 이와 유사하다. 미국에서 '소수'를 다루는 방식은 이러하다. 1~2학년은 '돈의 계산' 단원(1학년의 「9. Money」, 2학년의 「3. Place Value to 100 and Money」)에서 소수 학습을 한 차시 분량으로 배운다. 3~4학년에는 '소수'와 '측정'을 통합한 단원(「Decimals and Measurement」)이 있는데, 4학년은 1~2학년과 마찬가지로 '돈의 계산' 단원(「1. Place Value and Money」)에서 '소수의 개념 이해'가 나온다. 5학년에서는 '자연수의 덧셈과 뺄셈, 곱셈, 나눗셈'을 소수의 연산과 통합한 단원(「1. Place Value, Adding, and Subtraction」, 「2. Multiplying Whole Numbers and Decimals」, 「4. Dividing with Two-Digit Divisors」)이 나온다. 6학년은 소수를 한 단원(「2. Decimals」)으로 독립시켜, 이전의 개념 학습과 연산 법칙을 통합하여 학습하도록 하고, 분수 학습 단원(「3. Numbers and Fraction Concepts」) 내에 '소수와 분수의 관계'를 포함하여 학습하도록 하였다._{사교육걱정없는세상, 2015}

이것은 '소수의 개념 → 소수의 사칙연산 → 소수와 분수의 관계'처럼 '단순 계단형'으로 구성되어 있는 우리나라 수학 교육과정과 극명한 차이를 보인다.

중학교에서 배우는 피타고라스 정리도 우리나라와 외국의 교육과정은 큰 차이를 보인다._{사교육걱정없는세상, 2015} 우리나라 수학 교육과정은 중학교 3학년에서 한 단원의 내용으로 '피타고라스 정리'를 한 차례 배우고 끝낸다. 하지만 미국에서는 7학년에서 '피타고라스 정리의 이해', '직접 측정에 의한 활용'을 다루고, 9학년에서 '피타고라스 정리의 증명과 활용'을 다루고 있다. 핀란드의 경우 8학년에서는 피타고라스 정리를 문제를 해결하는 데에만 활용하고, 9학년에서는 직각삼각형의 한 변의 길이를 구하는 문제를 배운다. 그리고 고등학교 과정에 들어가서야 피타고라스 정리에 대한 다양한 증명법을 배우게 된다._{사교육걱정없는세상, 2015}

수학 교육과정의 차이는 TIMSS(Third International Mathematics and Science Study) 1995년도 보고서에서도 확인할 수 있다. 아래 자료는 국가별로 각 학습 주제가 도입된 학년을 근거로 그 주제에 대한 국가별 평균 지속 기간을 산출하여 그 중앙값을 제시한 것이다. 평균 지속 기간이 가장 긴 나라인 스위스는 한 주제에 대해 3~4년을 다루고 있는 것에 비해, 우리나라가 한 주제를 다루는 평균 지속 기간은 평균보다 1년 짧게 나타났다. 다시 말해 우리나라에 비해 스위스는 동일한 수학적 개념을 4년 이상 다양한 방식으로 반복적으로 다루고 있다는 것이다. 수학 교육과정이 이렇게 구성된다면, 수학적 개념을 미처 깨닫지 못한 학생들도 다시 한 번 그 개념을 이해할 기회를 얻게

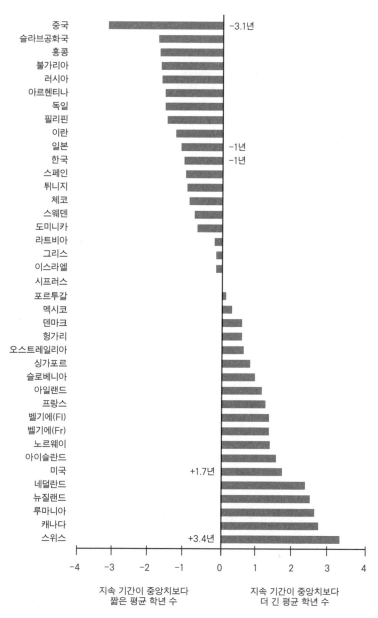

중국   −3.1년
슬라브공화국
홍콩
불가리아
러시아
아르헨티나
독일
필리핀
이란
일본   −1년
한국   −1년
스페인
튀니지
체코
스웨덴
도미니카
라트비아
그리스
이스라엘
시프러스
포르투갈
멕시코
덴마크
헝가리
오스트레일리아
싱가포르
슬로베니아
아일랜드
프랑스
벨기에(Fl)
벨기에(Fr)
노르웨이
아이슬란드
미국   +1.7년
네덜란드
뉴질랜드
루마니아
캐나다
스위스   +3.4년

-4   -3   -2   -1   0   1   2   3   4

지속 기간이 중앙치보다
짧은 평균 학년 수

지속 기간이 중앙치보다
더 긴 평균 학년 수

국가별 학습 주제별 학년수(사교육걱정없는세상, 2015)

될 것이며, 수학을 잘하는 학생들 역시 그 개념을 더욱 심화시켜 익힐 수 있게 된다.

이러한 교육과정이 가능하려면, 다루는 내용과 주제를 대폭 축소해야 한다. 이렇게 교육과정 적정화가 이루어져야 한 가지 주제를 여러 학년에 걸쳐 가르치고 깊이 있게 다룰 수 있다. 우리나라 역시 몇 차례 수학 교육과정을 개정하면서 학습량을 경감해 왔다. 하지만 내용을 통합하거나 두 번 다룰 것을 한 번만 다루는 식으로 개정했기 때문에 하나의 주제를 다양한 관점으로 접근할 기회를 잃게 되었다.

지금까지 수포자를 양산할 수밖에 없는 우리나라 수학 교육과정의 문제점을 살펴보았다. 우선 초등학교와 중학교 수학 교육과정의 간극을 연결해야 하고, 학문적 용어가 불친절하게 나열되어 있는 교육과정을 개선해야 한다. 그리고 외국의 교육과정과 같이 하나의 주제에 대해 다양한 관점에서 반복적으로 배울 수 있는 방식으로 교육과정이 개정되어야 한다. 마지막으로 수능 시험 범위를 고등학교 1학년 과정으로 한정함으로써, 문제풀이 위주의 수업을 깊이 있는 탐구식·토론식 수업으로 바꾸어야 한다.

현재 우리 학생들이 배우는 수학 교육과정은 대학 수학을 배우기 위한 내용들부터 역순으로 배열되어 있다. 고등학교에서는 대학에서 미적분학을 배우기 위해 알아야 할 극한, 지수와 로그, 삼각함수, 고차방정식, 다항함수를 배운다. 중학교에서는 고등학교에서 배우는 내용을 알기 위해 이차방정식, 일차방정식, 함수, 인수분해, 곱셈 공식, 문자와 식을 배운다. 초·중·고등학교 수학 교육과정은 결국 대학에서의 수학 교육과정에 종속되어 있는 셈이다.

학생들의 입장에서는 도대체 학교에서 배우는 수학을 왜 배워야 하는지 이해하려면, 대학에서 수학을 전공하거나 수학이 많이 사용되는 학과에 진학을 해야 그 이유를 알게 된다. 하지만 모든 학생들이 대학에서 수학을 배우는 것이 아니기 때문에, 수학을 왜 배워야 하는지도 모르는 채 수학을 포기하고 수학에 대한 부정적 기억만 갖게 된다.

이런 이유로 수학 교육과정에 대한 개정의 필요성은 현장을 중심으로 끊임없이 제기되고 있다.^{최수일 외, 2015} 여러 차례 교육과정 개정에서 내용 축소 및 삭제, 난이도 조정을 하고 있지만 근본적인 변화는 이루어지지 않았다. 그 이유는 교육과정 개정 과정에 수학 교사, 수학 교수 등의 수학계와 수학교육 관련 단체들의 이해관계가 얽혀 있기 때문이다. 그러다 보니 올바른 교육을 목적으로 교육 주체들의 숙의熟議를 통해 교육과정이 결정되기보다는 사실상 집단의 이해관계가 교육과정에 관철觀徹되는 경향이 있다.^{성열관, 2008b}

향후에는 관련 단체들의 이해관계를 위해 수학 교육과정이 개정되는 것이 아니라 학생들이 진정한 수학의 기쁨을 경험할 수 있는 교육과정이 되도록 개선되어야 한다. 그러기 위해 학생들의 수학에 대한 경험이 가감 없이 밝혀져야 한다. 특히 수포자들의 경험이 교육과정의 내용과 구성 방식을 고민하는 데 중요한 자료로 활용되어야 한다. 학생들이 흥미를 갖고 배움에 참여하기 위한 수학적 과제는 무엇인지, 또 스스로 해결하고 싶은 문제를 찾아내고 수학적으로 해결하려는 노력을 하도록 안내하기 위해 무엇이 필요한지 찾아 나서야 한다.

2. 수능 제도 개선

우리나라 교육에 수능의 영향력은 막강하다. 초등학교부터 고등학교까지 12년 학교교육의 결과가 수능이라는 시험 하나로 결판난다고 해도 과언이 아니다. 수능의 영향력 앞에 국가교육과정과 교과서도 무기력하다. 고등학교 3학년 교실에는 교과서 대신 수능 대비 문제집이 버젓이 책상 위에 올라와 있고, 정상적인 교육과정 진도는 2학년 2학기나 3학년 1학기에 끝낸 채 수능 대비 문제풀이 식 수업이 진행된다.

수능은 '대학수학능력시험大學受學能力試驗'의 줄임말이다. 이 말을 있는 그대로 풀어 보면 '대학에서 학문을 닦을 수 있는 능력 여부를 확인하는 시험'이 된다. 다시 말해 대학에서 정상적인 학업을 수행할 수 있는 기본 능력을 확인하는 시험, 즉 '대학입학자격고사'로서의 성격을 지닌다.

그러나 우리나라의 수능은 본래의 취지를 잃은 채 전국의 모든 학생을 단 하나의 시험으로 한 줄로 세우는 서열화의 도구로 왜곡되었다. 세칭 'SKY 대학'에 가려면 ○등급, 세칭 'In Seoul 대학'에 가려면 ○등급 하는 식으로, 대학서열화 체제와 수능이라는 전국 단위 일제식 시험이 결합되어 학생 서열화의 기제가 형성되어 있다.

그 결과 수능 시험은 고등학교 교육과정-수업-평가를 심각하게 왜곡하는 결과를 낳는다. 국가교육과정이 아무리 새로운 방향으로 개정되어도, 학교에서는 수능에 반영되는 과목 위주로 교육과정을 편성할 수밖에 없다. 이러한 수능 위주 교육과정에 따라 고등학교 수업은 진도 나가기·문제풀이 식 수업이 될 수밖에 없다. 또한 고등학교 내신

평가 역시 수능과 가장 유사한 형태의 선다형 지필평가 위주로 이루어지게 된다.

이러한 이유로 그동안 수능 시험에 대한 비판과 대안이 꾸준히 제기되어 왔다. 현행 수능의 개선 방향은 크게 세 가지로 살펴볼 수 있다. 우선 수능을 상대평가에서 절대평가로 전환하는 것, 수능 문항을 선다형 문항에서 서술형·논술형 문항으로 전환하는 것, 수능 과목을 축소하는 것 등을 통해 궁극적으로 수능을 '대학입학자격고사'로 전환하는 것이다.

이는 프랑스의 대학입학자격고사인 바칼로레아를 통해 그 모습을 짐작해 볼 수 있다. 널리 알려져 있다시피 프랑스 바칼로레아는 선다형 문항이 없고 비판적 사고능력을 평가하는 논술형 문항으로 구성되어 있다. 구체적인 문항 예시는 다음과 같다.

- 폭력은 어떠한 상황에서도 정당화될 수 없는가?
- 특정한 문화의 가치를 보편적으로 판단하는 기준이 있는가?
- 정치에 관심을 갖지 않고도 도덕적으로 행동할 수 있는가?

학생들은 이렇게 복잡한 지문 없이 짤막하게 제시된 문제에 대해 약 4시간 동안 작성한다. 여러 과목을 치러야 하기 때문에 바칼로레아 시험은 일주일 정도 소요된다. 바칼로레아 시험의 총점은 20점이고 이 중 10점 이상을 받으면 합격 판정을 받는다. 이렇게 자격고사에 통과한 학생이면 누구나 원하는 국공립대학에 진학할 자격이 주어지고, 학교별로 다양한 방식(주로 추첨을 하거나 입학정원을 늘리는 방식)으로 학생을 선발한다.

프랑스뿐만 아니라 미국, 핀란드, 독일, 네덜란드 등 주요 선진국에도 국가 단위의 대입 시험이 존재한다. 그런데 이런 나라들의 국가 시험은 우리나라의 수능처럼 선다형 문항으로만 존재하는 경우는 없고 논술형 문항을 포함하고 있다. 이 시험의 영향력은 당락을 좌우할 만큼 절대적이지 않으며, 자격고사 혹은 참고자료로 활용된다. 대신에 대부분의 국가에서 고교 내신을 중요한 전형 요소로 활용하며, 이 경우에도 단순히 성적뿐만 아니라 교사의 의견, 면접 등을 함께 활용한다. 우리나라로 치면 학생부 종합전형과 학생부 교과전형의 중간 형태라 할 수 있다. 네덜란드의 경우 의대처럼 경쟁이 심한 학과의 경우 추첨제를 도입하여 모든 학생에게 동등한 교육의 기회를 제공하고 있다.김위정 외, 2016

이러한 흐름으로 볼 때 우리나라의 수능 시험도 자격고사로 전환할 필요가 있다. 자격고사는 프랑스 바칼로레아처럼 '합격Pass/불합격Fail'만 판별하는 시험이다. 우리나라는 프랑스와는 달리 대학서열화가 매우 명확하기 때문에 당장에 자격고사를 도입하기에는 무리가 있다. 그렇기 때문에 우선 현행 수능을 상대평가에서 절대평가로 전환해야 한다.

현행 수능 시험은 절대평가와 상대평가가 혼재되어 있는 상태이다. 영어와 한국사 영역은 절대평가 방식으로, 나머지 영역은 상대평가 방식에 따라 1등급부터 9등급까지 산출된다. 사실 이렇게 절대평가와 상대평가가 혼재되어 있는 시스템은 지속가능하지 않다. 영어 영역이 절대평가로 되어 있어 영어 학습의 부담은 경감된 반면에, 이에 따른 풍선 효과가 생겨 수학과 국어의 학습 부담이 매우 커졌다. 그래서 최근 수능 시험에서 수학과 국어의 난도가 굉장히 높아진 것이다.

2020학년도 대학수학능력시험 영역별 총점 및 출제 과목

영역	구분	배점	출제 과목	평가 방식
국어		100점	화법과 작문, 독서와 문법, 문학	상대평가
수학	가형	100점	미적분II, 확률과 통계, 기하와 벡터	상대평가
	나형		수학II, 미적분I, 확률과 통계	
영어		100점	영어I, 영어II	절대평가
한국사		50점	한국사	절대평가
탐구 (택1)	사회 탐구	과목당 50점	윤리, 지리, 사회 등 9과목 중 최대 2과목 선택	상대평가
	과학 탐구	과목당 50점	물리, 화학, 생명과학, 지구과학 등 8과목 중 최대 2과목 선택	
	직업 탐구	과목당 50점	농업, 상업, 해양 등 10과목 중 최대 2과목 선택	
제2외국어/한문		과목당 50점	한문, 독일어, 프랑스어 등 9과목 중 1과목 선택	상대평가

향후에는 이러한 불완전한 체제를 넘어 모든 과목이 절대평가로 전환되어야 한다. 그리고 중기적으로는 9등급 평가에서 7등급 혹은 5등급 평가로 완화되어야 하고, 장기적으로는 합격/불합격 여부만 판별하는 절대평가로 전환되어야 한다.

다음으로 수능 시험에도 서술형·논술형 평가를 도입해야 한다. 이미 초등학교와 중학교의 내신평가에서는 수행평가, 서술형·논술형 평가가 대폭 확대되고 있으며 중학교에서도 아예 선다형 지필평가를 폐

지한 학교가 적지 않다. 하지만 고등학교의 내신평가는 여전히 선다형 지필평가가 중심을 이루고 있다. 그 이유는 수능 시험이 선다형 문항만으로 출제되고 있기 때문이다. 학생들의 창의력과 논리력을 키우기 위해서는 선다형 평가를 최대한 지양해야 한다. 그럼에도 불구하고 수능 시험이 학생 변별의 편의성을 위해 선다형 문항으로 구성되어 있기 때문에 그 영향력을 고등학교에서 직접적으로 받고 있는 것이다.

미국의 SAT에도 오래전에 에세이 평가가 도입되었고, 유럽의 대입 시험은 대부분 서술형·논술형 평가 방식으로 진행되고 있다. 이 점을 감안해 많은 연구자들도 수능에 서술형 혹은 논술형 평가를 도입해야 한다고 주장하고 있다. 예를 들어 정광희 외[2011]는 공통과목을 수능Ⅰ, 선택과목을 수능Ⅱ로 구분하여 수능Ⅱ부터 서술형·논술형 평가를 도입하자고 주장하였다. 이와 달리 공통과목만을 수능 출제 범위에 넣고 이를 서술형·논술형 평가로 치르는 방안도 검토할 만하다. 어떤 방식으로든 수능의 절대평가 확대와 함께 서술형·논술형 평가를 도입하는 것이 현재의 중등학교에서의 교육과정-수업-평가 혁신의 방향에 부합하게 된다.

다음으로 검토해야 할 것이 수능에 반영되는 과목이다. 2015 개정 교육과정은 물론 향후 도입될 예정인 고교학점제에서는 학생들이 원하는 과목을 가급적 다양하게 개설하여 학생들의 진로적성에 따른 수강을 보장하도록 하고 있다. 하지만 이러한 과목 중 특정 과목만 수능에 반영된다면 학생들의 과목 선택권은 사실상 보장될 수 없다. 그렇다고 하여 국가교육과정 편제표에 나와 있는 모든 과목을 수능에 반영하는 것도 사실상 불가능하다. 따라서 수능은 고등학교 교육과정의 기본이 되는 교과목, 모든 학생들이 수강을 하는 공통과목만을 대상으로 하는 것이 타당하다.

현재 수능 수학 영역은 공통과목은 물론 미적분, 확률과 통계, 기하 등 선택과목까지 출제 범위로 하고 있어 학생들의 과목 선택권을 사실상 제약하고 있으며, 대학 전공자에게나 필요할 법한 고난도의 교육과정을 강요하고 있다.

- **2020학년도 수능 수학 출제 과목(2009 개정 교육과정)**
 - 가형(자연계열): 미적분Ⅱ, 확률과 통계, 기하와 벡터
 - 나형(인문계열): 수학Ⅱ, 미적분Ⅰ, 확률과 통계

- **2021학년도 수능 수학 출제 과목(2015 개정 교육과정)**
 - 가형(자연계열): 수학Ⅰ, 확률과 통계, 미적분
 - 나형(인문계열): 수학Ⅰ, 수학Ⅱ, 확률과 통계

- **2022학년도 수능 수학 출제 과목(계열 통합)**
 - 공통: 수학Ⅰ, 수학Ⅱ
 - 선택: 확률과 통계, 미적분, 기하 중 택 1

이렇게 매해 수능 출제 과목에 변동이 생기는 이유는 교육과정 개정에 따른 교과목 체제를 반영하기 위해서다. 2021학년도 및 2022학년도 수능 수학 출제 과목은 2015 개정 교육과정의 교과목 체제에 따른 것이다. 2015 개정 교육과정의 수학 교과목 편제는 다음과 같다.

교과	공통과목	선택과목	
		일반 선택	진로 선택
수학	수학	수학 I, 수학 II, 미적분, 확률과 통계	기하, 실용수학, 경제수학, 수학과제탐구

그런데 수능에서의 반영 과목이 '수학 I, 수학 II, 미적분, 확률과 통계, 기하'로 지정되어 있어 사실상 '실용수학, 경제수학, 수학과제탐구'를 학생들이 선택할 이유가 없어지게 된다. 또한 공통과목인 '수학'이 수능에 반영되지 않아 모든 학생들이 알아야 할 기본적인 내용을 소홀히 한 채 고난도의 고급수학만을 중시하게 될 가능성이 높다. 이는 수능 시험으로 인해 '학생의 적성과 진로에 따른 선택학습 강화', '학습량 적정화를 통한 학습의 질 개선'이라는 2015 개정 교육과정의 취지가 사실상 무색해지는 것을 의미한다.

국가교육과정의 취지가 제대로 구현되기 위해서는 수능의 출제 과목이 공통과목(고1 대상)으로 한정되어야 한다. 그렇게 함으로써 모든 학생들이 갖춰야 할 기본적인 수학 능력을 충분히 기르도록 할 수 있다. 이 외의 과목들은 학생들의 적성과 진로에 따라 선택하도록 한다. 예를 들어 대학에서 자연계열, 이공계열을 전공하고자 하는 학생은 주로 미적분, 기하 과목을 선택하게 될 것이고, 사회계열, 경영계열을 전공하고자 하는 학생은 확률과 통계, 경제수학 과목을 선택하게 될 것이다. 그리고 이 과목의 성취도는 수능이 아닌 내신 성적으로 산출하여 학교생활기록부 전형을 통해 대입에 반영하도록 한다.

앞에서 언급했던 '수포자도 즐겁게 배울 수 있는 교육과정', '하나의 개념을 여러 관점에서 반복적으로 배우는 교육과정'이 가능하려면 수능 제도의 근본적인 개선이 필요하다. 그 방향은 절대평가 도입, 서술형·논술형 평가 도입, 수능 출제 과목 축소 등을 통해 수능의 영향력을 줄여 나가고 궁극적으로 자격고사로 전환하는 것이다.

3. 고교 내신평가 개선

가. 고교 내신평가 개선의 필요성

중등학교 현장에서 평가 혁신에 대한 관심과 실천이 확대되고 있다. 오랜 입시 관행에 따른 '서열화를 위한 평가'에서 벗어나 '학생의 성장과 발달을 돕는 평가'를 추구하고 있다. 이러한 변화는 제도적 차원과 실천적 차원에서 모두 확인할 수 있다. 제도적 차원에서는 국가교육과정 및 평가 관련 지침의 변화, 성취평가제 및 자유학기제 등의 도입에서 확인할 수 있다. 실천적 차원에서는 학교혁신 운동의 확산에 따른 교육과정-수업-평가 혁신을 위한 학교 및 교사 차원의 실천을 들 수 있다.

이러한 평가 혁신은 학교급별로 차이가 존재한다. 초등학교에서는 중간·기말고사 등 일제식 지필평가를 폐지하고, 과정 중심 평가, 교사별 평가 등을 통해 '학생의 성장과 발달을 돕는 평가'를 추구하는 흐름이 확산되고 있다. 중학교에서도 성취평가제(절대평가) 도입, 자유학기제 도입 등을 통해 과정 중심 수행평가를 확대하고 있다.

고등학교에서는 이러한 평가의 변화가 상대적으로 미약한 편이다.

무엇보다 오랜 대학입시의 영향력으로 인해 '서열화를 위한 평가'를 당연시하는 분위기가 강하게 존재하는 가운데, 제도적으로 볼 때에도 여전히 상대평가(과목별 석차등급 산출)가 적용되고 있기 때문이다. 물론 학교생활기록부 전형의 확대를 계기로 고등학교의 수업과 평가에도 적지 않은 변화가 이루어지고 있지만, 여전히 제도적 한계는 명확하다.

현재의 고등학교 석차 9등급제는 2008학년도 대학입시안에 따라 2005년부터 적용된 것으로, 당시에 '죽음의 트라이앵글', '저주받은 89년생'이라는 용어가 세간에 유행할 정도로 많은 비판을 받아 왔다. 2012년도에 성취평가제에 따라 중학교와 고등학교에서 성취기준 및 성취수준에 따른 절대평가가 도입되었지만, 고등학교에서는 여전히 석차등급을 병기하게 되어 사실상 상대평가가 유지된 채 현재에 이르고 있다.

현행 고등학교의 내신평가 방식은 2011년에 발표되어 2012년부터 적용되고 있는 '성취평가제'를 따르고 있다. 당시 교육과학기술부는 기존 석차 9등급제의 문제점을 다음과 같이 밝히고 있다.^{교육과학기술부,} ²⁰¹¹

- 상대평가를 기본으로 하는 현행 고등학교 석차 9등급제는 여러 가지 근본적인 한계가 있다.
- 우선, 학년 단위로 교과목별로 석차를 매겨 9등급을 부여하는 현재의 평가제도는 학생들에게 과도한 스트레스를 유발하고, 급우들 간 배타적 경쟁심을 조장하여 미래 사회에서 필요한 협

동학습을 저해하고 있다.

- 또한, 석차 9등급제는 교사가 학생이 교육과정에서 제시한 일정한 학업성취 수준을 얼마나 달성했는지를 평가하기보다는 등수에 의해 일률적으로 학생을 상대평가하는 문제점을 가지고 있고, 2009 개정 교육과정이 추구하는 학생의 적성과 소질, 진로에 따른 다양한 교과목 선택을 제약하고 있다.

이와 같은 문제의식은 고등학교 내신 상대평가로 인한 여러 가지 폐해를 고려해 볼 때 매우 타당한 지적이다. 이에 따라 중학교에서는 석차를 폐지하고 성취기준 및 성취수준에 따라 A~E 5단계 성취도를 산출하는 성취평가제를 도입하게 된다. 그러나 당시 교과부에서는 이른바 '내신 부풀리기' 등을 우려하여 2014년부터 고등학교에 성취평가제를 도입하기로 하고, 2012~2013년 시범 운영 기간에는 석차 9등급제와 성취평가제를 병행하기로 한다.

그런데 2년의 시범 운영 기간이 지난 2014년에도 고등학교 성취평가제는 온전히 도입되지 않았다. 고등학교 성취평가제가 특목고와 자사고에 특혜를 주는 정책이라는 반발로 인해 2018년까지 유예되었으며,교육부, 2015c 이로 인해 시범 운영 기간으로 한정되었던 '석차 9등급제와 성취평가제 병행'이라는 과도기적 방안이 지금까지도 유지되고 있는 상황이다. 하지만 2022년 고교학점제 도입 등 고등학교 교육과정의 근본적인 개편이 예고되고 있는 현 상황은 고등학교 절대평가 도입 문제를 회피할 수 없는 시기라 할 수 있다.

지금 이 시기에 고등학교 절대평가 도입을 논의해야 하는 이유는 다음과 같다.

첫째, 평가관의 변화 및 초등학교와 중학교에서의 평가 혁신의 흐름은 고등학교 절대평가 도입을 요구하고 있다. 초중등학교 평가 패러다임의 변화 양상은 '상대평가에서 절대평가로의 전환', '양적 평가에서 질적 평가로의 전환', '결과 중심 평가에서 과정 중심 평가로의 전환', '일제식 평가에서 교사별 평가로의 전환' 등으로 요약할 수 있으며, 이러한 평가 패러다임의 전환은 궁극적으로 '학생의 성장과 발달을 돕는 평가'를 목적으로 하고 있다. 그리고 이러한 평가 패러다임의 전환은 초등학교 일제식 지필평가 폐지, 중학교 자유학기 도입 및 수행평가 전면화, 대입에서의 학교생활기록부 전형 확대 등의 제도적 변화와 맞물리고 있다.

그러나 이러한 평가 혁신이 초등학교와 중학교와는 달리 고등학교에서는 활발히 이루어지지 못하고 있다. 최근 고등학교에서도 학교생활기록부 전형 확대에 따른 '교육과정-수업-평가-기록의 일체화'를 위한 노력이 확대되고 있으나, 여전히 수능과 내신 상대평가의 영향력에 의해 근본적인 한계에 부딪히고 있는 상황이다. '석차 9등급제와 성취평가제 병행'이라는 기이한 형태가 이러한 딜레마적 상황을 상징적으로 보여 준다고 할 수 있다.

둘째, 현재의 고등학교 상대평가는 미래 사회가 요구하는 핵심역량을 지닌 인재를 육성하는 데 근본적인 걸림돌이 되고 있다. 이른바 4차 산업혁명 시대를 맞이하여 세계 각국에서는 미래 사회에 필요한 핵심역량을 중심으로 한 교육개혁을 진행하고 있으며, 2015 개정 교육과정에서도 '미래 사회가 요구하는 핵심역량을 함양하여 바른 인성을 갖춘 창의융합형 인재'를 양성하는 것을 교육과정의 중점으로 설정하고 있다. 그러나 현재의 고등학교 내신 상대평가는 단편적 지식 위주의 교육과정, 문제풀이 식 수업 등을 유도하고 있어 이러한 교육의 목표와 상충되고 있다. 특히 내신 상대평가는 수능과 비교해 볼 때에도 '친구들과의 경쟁'이라는, 체감도가 매우 높은 비교육적 경쟁을 유발하고 있다.

셋째, 현재의 고등학교 상대평가는 대학입시의 변화 양상과도 부합하지 않는다. 입학사정관제 도입, 학교생활기록부 전형 확대 등 일련의 변화 과정은 고등학교 교육과정의 정상화를 유도하고 대학교육에 적합한 인재를 다양한 측면에서 판단하여 선발하는 것을 목적으로 하고 있다. 과거와 같은 단편적 지식 위주의 획일화된 평가 도구로는 대학교육과 미래 사회에 적합한 인재를 선발할 수 없다는 인식이 확대되고 있는 것이다. 그렇기 때문에 지나치게 '평가의 변별력'에 치중했던 과거의 대학입시와는 달리 '평가의 타당성'을 중시하는 것이 최근 대학입시의 흐름이다.

넷째, 현재의 고등학교 상대평가는 2018년부터 고등학교에도 적용되기 시작한 2015 개정 교육과정과 향후 도입 예정인 고교학점제의 취지와 부합되지 않는다. 2015 개정 교육과정에서 제시한 고등학교의 교육 목표는 '학생의 적성과 소질에 맞게 진로를 개척하며 세계와 소통하는 민주시민으로서의 자질'을 함양하는 데 있으며, 이에 따라 전체 180단위에 해당하는 교과 이수 단위 중 86단위를 '학생의 적성과 진로를 고려한 자율편성 단위'로 운영하도록 되어 있다. 따라서 단위학교마다 학생의 희망에 따른 선택과목 편성이 대폭 확대될 예정이다.

교육부에서는 이러한 요소를 확대하여 향후 고교학점제 도입을 예고하고 있다.

현행 상대평가는 이러한 고교 교육과정 다양화 정착에 걸림돌로 작용하고 있다. 학생들의 희망에 따른 선택과목이 확대되면 불가피하게 소수 학생들이 수강을 하는 소인수 과목이 늘어나게 된다. 이러한 과목에서는 상위권 4% 이내 학생들에게만 1등급을 부여하는 방식의 석차등급 산출이 사실상 불가능하다. 현재에도 13명 이하 학생이 수강하는 과목에서는 석차등급을 산출하지 않도록 되어 있는데, 향후에는 이러한 과목이 보편화될 것으로 보인다. 그럼에도 불구하고 현행 상대평가를 유지하게 되면 학생들의 입장에서는 진로희망에 따른 과목 선택보다는 내신 유불리 여부에 따른 과목 선택이 이루어지게 되어 사실상 고등학교 교육과정 다양화라는 취지가 유명무실해지는 결과를 낳게 될 것이다.

이러한 고교 절대평가 도입의 정당성이 충분함에도 불구하고 고교 내신 절대평가 도입과 함께 제기될 만한 우려점도 존재한다.

첫째, 고교 절대평가 도입과 함께 가장 우려되는 점은 이른바 '내신 부풀리기' 현상의 재현이다. 이와 같은 부정적인 현상이 발생하면 내신에 대한 신뢰성이 저하되어 대학입시에서 내신 반영 비율 축소까지 이어질 수 있다. 따라서 현행 2015 개정 교육과정의 취지에 따라 교육과정이 편성되고, 성취기준 및 성취수준에 근거한 수업과 평가가 이루어져야 한다.

이러한 수업 및 평가가 이루어지려면 무엇보다 교사들의 평가 전문성이 신장되어야 한다. 이를 위해서는 교육부와 교육청 차원에서의 연수 지원이 강화되어야 할 뿐 아니라, 최근 활성화되고 있는 학교 내 교원학습공동체 등을 통해 교사들의 협력적 전문성에 따른 교육과정-수업-평가 혁신이 확대되어야 한다.

둘째, 고교 내신 절대평가 도입에 따라 제기될 수 있는 또 다른 문제는 이른바 '변별력 약화'이다. 대학 입장에서는 기존 석차 9등급제에 따른 자료에 비해 5등급 절대평가에 따른 자료만으로는 변별력 확보가 어려운 것이 사실이다. 그러나 기존의 석차 9등급제는 학생들의 실제 능력과는 상관없이 상대적인 서열만 알려 주었다면, 절대평가는 학생들의 성취기준 도달 여부를 평가하는 것이기 때문에 오히려 평가의 타당성이 높다고 할 수 있다. 더욱이 최근에는 학교생활기록부 전형 확대로 인해 석차등급뿐만 아니라 학생의 다양한 특성을 교사가 기록하는 정성평가 요소가 이미 확대되고 있는 추세이다. 따라서 절대평가 도입으로 인해 석차등급으로 확인될 수 있는 변별력은 약화될 수 있어도, 교사가 수업의 과정에서 학생들의 학습활동을 직접 관찰하며 학생의 다양한 역량에 대한 정성적 평가를 실시할 때 평가의 타당성은 오히려 향상될 수 있다. 대학의 입장에서도 대학의 특성에 따른 미래 인재를 선발하기에 적절할 수 있다는 것이다.

따라서 이제는 '선발의 변별력'에 대한 관심보다는 '선발의 타당성'에 대한 관심을 더 많이 기울여야 할 때이다. 즉 대학 입장에서 수치화된 자료를 바탕으로 손쉽게 성적 우수자를 가려내려는 노력보다는 고등학교에서의 다양한 기록을 바탕으로 대학의 설립 이념 및 학과의 특성에 따른 적격자를 가려내려는 노력을 해야 한다. 그렇기 때문에 절대평가 결과에 따른 점수뿐만 아니라 학교생활기록부의 '세부능력 및 특기사항' 기록 내용 등 다양한 정성평가의 결과를 활용해야 한다. 고등학교마다 다양한 교육과정을 편성하고, 교사의 자율적 전문성에 따른 교육과정 재구성을 활발히 진행하며, 재구성된 교육과정을 바탕으로 학생 참여형·협력형 수업을 확대하고, 수업의 과정에서 이루어지는 수행평가를 통해 학생들의 다양한 특성과 성장과정을 교사가 확인하고, 교사가 직접 관찰한 내용을 바탕으로 학교생활기록부를 충실히 작성하는 '교육과정-수업-평가-기록의 일체화'가 중요한 이유가 여기에 있다.

셋째, 고등학교 내신 절대평가 도입에 따라 '일반고의 상대적 불리함' 문제가 제기될 수 있다. 현행 석차 9등급제가 유지될 수 있었던 명분 가운데 하나가 절대평가가 도입되면 특목고·자사고 학생들이 상대적으로 유리해지고 이로 인해 이른바 '일반고 위기'가 심화될 수 있다는 것이다. 그러나 이는 특목고·자사고 등의 존재로 인한 고교 서열화 현상을 바로잡음으로써 해결해야 할 문제이지, 고교 내신 상대평가라는 과도기적 형태로 완화해야 할 문제는 아니다.

고등학교 절대평가 도입은 고등학교 교육 정상화, 고등학교 교육과정 다양화, 수업 및 평가 혁신을 유도하고, 대학입시에서의 평가 타당성을 높이며, 미래 사회가 요구하는 핵심역량을 지닌 인재를 양성한다는 교육 목표를 달성하기 위해 시급히 논의해야 할 과제이다. 다만 그동안의 입시경쟁으로부터 비롯된 사회적 분위기와 학교현장의 관행 등을 고려하여 고등학교 절대평가 시행을 위한 모델과 추진 전략을 섬세히 개발해야 한다.

나. 고교 내신평가 개선을 위한 과제

(1) 고등학교 수행평가 확대 및 내실화

현재 단계에서 중등 평가 혁신의 핵심은 '수행평가 확대 및 내실화'이다. 중학교에서는 자유학기제 확산을 계기로 일제식 지필평가를 지양하고 수행평가를 내실화함으로써 절대평가, 질적 평가, 과정 중심 평가, 교사별 평가의 요소를 확대하고 있으며, 고등학교 역시 이러한 흐름을 이어받고 학교생활기록부 전형을 활용하여 수행평가를 확대하는 추세에 있다.

향후에는 이러한 흐름을 더욱 목적의식적으로 추진할 필요가 있다. 제도적으로 절대평가가 도입되기 이전에라도 고등학교에서 수행평가를 확대하고 내실화함으로써 사실상 절대평가가 추구하는 목적을 상당 부분 달성할 수 있다. 그동안 관행적으로 진행해 왔던 중간·기말고사 등 일제식 지필평가와 달리 수행평가에서는 학생의 성취도달 여부를 확인하는 절대평가, 학생의 다양한 가능성과 잠재력을 확인하는 질적 평가, 수업의 과정 속에서 이루어지는 과정 중심 평가, 교사의 평가 자율성과 전문성을 보장하는 교사별 평가의 요소를 살릴 수 있기 때문이다.

특히 수행평가 확대 및 내실화는 교사들의 평가 전문성을 신장할 수 있는 기회가 된다. 수행평가 내실화를 위해서는 우선 '교육과정 재구성'과 '학생 참여형·협력형 수업' 활성화가 전제되어야 하며, 평가를 통해 학생들의 성장 발달 과정을 진단하고 이를 바탕으로 교수학습을 개선하는 노력이 뒤따라야 하기 때문이다. 이는 학생 개개인의 성취도에 따라 학생 집단을 등급화하는 상대평가에 비해 고도의 평가 전문성이 요구되는 작업이다. 이러한 수행평가 확대 및 내실화가 향후 고등학교 절대평가 도입의 토대가 될 것이다.

(2) 고등학교 교육과정-수업-평가 혁신을 위한 전문성 지원

새로운 대학입시제도는 새로운 평가 전문성을 요구한다. 이미 대입전형의 중심을 이루고 있는 학교생활기록부 전형은 학생의 평가 결과를 계량화·등급화하는 것을 넘어 학생의 다양한 역량을 종합적으로 평가하고 이를 기록하는 정성적 평가를 요구하고 있다. 고교학점제 도입은 이러한 교육과정-수업-평가 혁신의 전문성을 신장하는 데 새로운 자극 요인이 될 것이다. 이미 주어진 교육과정을 있는 그대로 운영하는 것을 넘어 학생의 다양한 요구를 새로운 교육과정을 편성하고, 이를 운영하는 가운데 학생의 다양한 역량을 평가하는 전문성이 요구된다.

교육부와 교육청에서는 이러한 교육과정-수업-평가 전문성 신장을 위한 다각적인 지원이 마련되어야 한다. 예를 들어 평가의 공정성 확보를 위한 매뉴얼을 마련하고 이를 준수하도록 요구하는 것이 아니라, 새로운 교육과정 및 평가 방식에 적합한 연수 프로그램을 마련하고 교원의 다양한 연구모임을 통해 새로운 전문성을 신장할 수 있도록 지원해야 한다.

이를 통해 고등학교에서는 고등학교 평가의 타당성·신뢰성 제고를 통해 절대평가, 정성평가가 안착될 수 있도록 해야 한다. 성취기준 및 성취수준에 따른 성취평가 내실화, 학생의 다양한 역량을 확인할 수 있는 평가 방식의 도입, 평가의 타당도와 신뢰도 확보를 위한 노력이 필요하다.

(3) 고등학교 절대평가 단계적 도입

우선 고등학교 내신평가는 고등학교 내에서의 자체 완결적인 제도라기보다 대학입시제도의 일환으로 여겨지는 것이 일반적인 인식이다. 따라서 대입제도의 전반적인 개선 흐름 속에서 고교 절대평가 도입을 추진하는 것이 현명하며, 고교 절대평가를 단계적으로 도입하여 이를 연착륙시키는 전략이 필요하다.

또한 2015 개정 교육과정 및 고교학점제 도입과 연계하여 고교 절대평가를 도입할 필요가 있다. 2015 개정 교육과정은 국어, 영어, 수학, 통합사회, 통합과학 등 공통과목과 일반선택, 진로선택 등 선택과목으로 구성되어 있다. 이에 따라 학생들의 진로희망에 따른 선택과목이 확대됨에 따라 소수 학생들이 수강하는 소인수 과목이 확대될 것으로 보이는데, 이러한 선택과목부터 절대평가를 도입하는 것이 현실적이다. 소인수 과목의 경우 4% 이내 학생들을 1등급으로 매기는 방식의 석차등급 산출이 현실적으로 어려울 뿐만 아니라, 이들과 과목에 절대평가가 적용되어야 더 많은 학생들의 과목선택권이 보장될 수 있기 때문이다.

(4) 고교 교육과정 정상화와 대입 공정성 확보를 위한
사회적 협약 추진

고등학교는 기존의 '내신 부풀리기 논란'이 재현되는 것을 예방하기 위해서라도 평가의 타당성과 신뢰성 확보를 위해 노력해야 한다. 이는 단순히 성적 산출을 엄정하게 한다는 의미가 아니라 교육과정을 다양화하고 수업을 혁신하면서 그 속에서 학생들의 다양한 역량을 성취평가제 및 절대평가의 취지에 맞게 확인하는 노력을 의미한다. 특히 학교생활기록부의 '세부능력 및 특기사항' 등 정성평가 기록의 신뢰도를 높이려는 노력이 필요하다.

대학은 그동안 '우수한 자원을 선점하는 노력'에서 벗어나 고등학교 교육과정 정상화를 지원하는 입학전형을 개발하고, 대학교육에 적합한 학생을 타당성 있게 선발하는 노력을 해야 한다. 수능 및 고등학교 내신의 절대평가 도입은 상대적으로 '선발의 수월성'을 저해할 수 있다. 그러나 이제 대학은 고등학교 교육과정에 대한 이해, 학생의 학습 이력에 대한 관찰, 학교생활기록부 기록에 대한 타당한 해석, 면접 등을 통한 다면적 평가 등을 통해 '선발의 타당성'을 추구해야 할 때이다.

이를 위해서는 고등학교, 대학, 교육당국, 학부모 등이 참여하는 일종의 사회적 협약이 필요하다. 사회적 협약의 핵심은 고등학교에서는 교육과정을 정상적으로 운영하고 수업과 평가 혁신을 위해 노력하겠다는 약속을 하고, 대학에서는 우수 학생을 선점하고자 하는 욕망에서 벗어나 고교교육 정상화를 존중하면서 대학교육의 목적에 맞는 인재를 선발하겠다는 약속을 하는 것이다. 이러한 과제를 구현하기 위해서는 단지 고등학교와 대학 측만의 노력으로는 부족하다. '고교-대학 연계 입시제도 구축'을 위한 교육부 차원의 방안이 마련되어야 하며, 교육계 당사자뿐만 아니라 학부모, 시민단체 등 각계각층의 참여를 통해 고등학교 교육과정 및 대학입시의 정상화를 위한 사회적 협약이 추진되어야 한다.

다. 고교 절대평가 단계적 도입을 위한 방안

이 장에서는 앞에서 제시했던 고교 내신평가 개선을 위한 과제 가운데 '절대평가 단계적 도입'에 대해서 좀 더 자세한 방안을 제시하고자 한다. 고등학교 절대평가는 고교 교육과정 정상화를 위해 반드시 도입해야 할 과제이나, 여러 여건을 고려해 볼 때 단계적 도입 전략을 취하는 것이 현실적이다. 고등학교 절대평가 도입에는 적용 범위나 시기 등에 따라 여러 방식이 있을 수 있다.

이미 교육부에서는 2020학년도부터 '진로선택 과목'을 절대평가로 전환하기로 하였다. 수학 교과에서는 진로선택에 해당하는 「실용수학」, 「기하」, 「경제수학」, 「수학과제탐구」 과목에서 석차등급을 산출하지 않고 A~E 등급을 분할점수에 따라 산출하게 되는 것이다. 그리고 교육부에서는 고교학점제가 전면적으로 도입되는 2025학년도부터 모든 과목을 절대평가로 전환할 계획을 밝혔다.

하지만 고교 내신 절대평가의 취지에 동의하면서도 여전히 전 과목 절대평가 전환에 대한 우려의 목소리도 적지 않다. 내신의 변별력이 약화됨에 따라 수능의 막강한 영향력이 지속될 가능성도 크고, 고교 내신의 신뢰도 확보 방안이 마땅치 않을 수도 있기 때문이다. 또한 특목고, 자사고에만 유리한 결과를 낳을 수도 있다.

그렇기 때문에 '완전한 절대평가 도입'과 함께 '완화된 상대평가 도입'도 검토해 볼 필요가 있다. '완화된 상대평가'란 현행 석차 9등급제를 석차 7등급제 혹은 석차 5등급제로 완화시키는 것을 의미한다.

예를 들어 석차 7등급제를 현행 석차 9등급제와 비교해 보면 다음과 같다.

'완화된 상대평가' 도입 방안

등급	1등급	2등급	3등급	4등급	5등급	6등급	7등급	8등급	9등급
비율	4%	11%	23%	40%	60%	77%	89%	96%	100%

⇩

등급	1등급	2등급	3등급	4등급	5등급	6등급	7등급
비율	~10%	~20%	~40%	~60%	~80%	~90%	~100%

　석차 7등급제와 같이 '완화된 상대평가'가 도입되면 '치열한 경쟁 완화에 대한 요구'와 '최소한의 변별력 확보에 대한 요구' 양쪽을 모두 만족시킬 대안이 될 수 있다. 1등급 획득을 위한 과도한 경쟁을 완화하기 위해 1등급 산출 기준을 현행 4% 이내에서 10% 이내로 대폭 완화하면, 교육과정 다양화와 학생 선택권 보장이라는 고교학점제의 취지도 충분히 살릴 수 있다. 향후 학교생활기록부 전형이 사회적 공감대 속에 정착되면 석차 5등급제 혹은 완전한 절대평가제를 도입할 수도 있다.

4. 수학 교과서 개선

가. 교과서 제도 개선

교과서 발행제도는 국정제, 검정제, 인정제, 자유발행제로 구분된다.

우리나라의 교과서 발행제도는 교육과정 개정이 거듭됨에 따라 점차 국정제에서 검정제로, 검정제에서 인정제로 변화해 왔다.

교과서는 추상적인 교육과정 문서를 구체적인 자료로 구현하는 역할을 한다. 이러한 교과서를 바라보는 관점은 교과서를 절대화하는 '닫힌 교과서'관에서 교과서를 수업의 자료 가운데 하나로 바라보는 '열린 교과서'관으로 변화하고 있다.

특히 최근에는 교사의 자율적 전문성에 따른 교육과정 재구성이 활발히 이루어지고 있다. 교육과정 재구성 역시 소극적인 재구성(교과서 순서 변경, 내용 생략 등)에서 적극적인 재구성(교육과정 성취기준 재구성, 신설 과목 개설 등)으로 나아가고 있다. 향후에는 교사가 교육과정 개발의 주체로 자리 잡는 차원까지 나아갈 것으로 보인다. 이러한 교육과정 혁신의 흐름으로 보아 이제는 국정제·검정제를 넘어 인정제·자유발행제까지 나아가는 교과서 제도 개선이 이루어질 여건이 마련되었다고 할 수 있다.

(1) 우리나라 교과서 발행제도 분석

국정제는 국가가 직접 저작하거나 위탁하여 저작하는 교과서 발행제도이고, 검정제는 민간이 교과서를 개발한 후 국가에서 적합성 여부를 심사하여 사용 허가를 하는 교과서 발행제도이다. 반면에 인정제는 민간이 제작, 발행한 도서에 대해 국가에서 교과서로 인정한 후 목록을 정하고 이를 학교에서 선택하도록 하는 제도이며, 자유발행제는 국가가 교과서 저작이나 발행에 대해 관여하지 않고 민간 부문에 모든 권한을 위임해 주는 방식이다. 그런데 현재 우리나라에서 통용되고 있는 인정제가 본래적 의미의 인정제와 완전히 일치한다고 보기는 어렵다. 현행 「교과용도서에 관한 규정(대통령령 제26790호)」에서 구분하고 있는 교과서의 구분과 개념은 아래와 같다.

「교과용도서에 관한 규정」에 따른 교과서 발행제도의 구분

구분	국정	검정	인정
정의	교육부가 저작권을 가진 교과서	교육부장관의 검정을 받은 교과서	교육부장관의 위임에 따라 교육감의 인정을 받은 교과서
적용 교과목	• 초등학교: 국어, 사회/도덕, 수학, 과학, 통합교과	• 초등학교: 영어, 음악, 미술, 체육, 실과 • 중학교: 국어, 사회(역사/도덕), 수학, 과학, 영어 • 고등학교: 국어, 수학, 영어, 한국사, 사회(역사/도덕), 과학교과 중 공통과목 및 일반선택과목	• 국정·검정도서 적용 교과목 이외의 교과목

가) 국정제

국정제는 교과서의 연구·개발, 편찬, 심의, 발행과 공급 등을 모두 국가에서 관장하는 교과서 발행제도이다. 우리나라의 경우 초등학교 교과서는 제1차 교육과정 시기부터 제7차 교육과정 시기까지 전 교과목의 교과서가 모두 국정 교과서였으며, 2007 개정 교육과정 시기에 이르러서야 음악, 미술, 체육, 영어 등의 교과서가 검정 교과서로 전환되었다. 중고등학교의 경우 과거에는 국어, 국사, 도덕 등의 교과서가 국정 교과서였으나, 2007 개정 교육과정 시기에 이르러 모두 검정·인정 교과서로 전환되었다. 하지만 2016년 박근혜 정부에서 한국사 교

과서를 국정 교과서로 전환하는 정책을 시행하여 사회적으로 큰 논란을 일으켰다.

여기서는 특히 초등학교 교과서에 대한 국정제 적용의 타당성을 검토해 보아야 한다. 초등학교 교과서에 국정제를 적용해야 하는 이론적 근거를 확인하기 어렵다. 이는 다만 담임교사가 대부분의 교과를 모두 담당하고 있어, 여러 종의 교과서를 살피고 적합한 교과서를 선정하기 어려운 초등학교의 현실 때문인 것으로 보인다. 반면에 영어, 음악, 미술, 체육 등의 교과목은 과목의 특성상 교과전담 교사가 담당하는 경우가 많아 검정제가 적용되고 있다고 볼 수 있다.

이렇듯 초등학교 교과서에 국정제가 적용된 이유는 교육적 타당성에 따른 것이라기보다 오랜 관행으로부터 비롯된 것으로 보인다. 따라서 향후에는 초등학교 교과서에서도 국정제를 폐지하여 교육의 다양성과 현장 적합성을 확대해 나가야 할 것이다. 이미 교육부는 초등학교 교과서의 검인정제 확대를 예고하고 있다. 이에 따라 초등 수학 교과서도 좀 더 다양한 교과서가 나올 것으로 기대된다.

나) 검정제

검정제는 국가교육과정 및 편찬 기준에 맞추어 민간 저작자가 출판사와 함께 교과서를 연구·개발한 다음 국가에서 적합성 여부를 심사하여 합격 여부를 결정하는 교과서 발행제도이다. 검정 교과서를 연구·개발할 때 반드시 준수해야 할 것은 국가수준 교육과정 및 교과서 집필 기준, 교과서 검정 기준 등이다.

검정제에서는 국정제에 비해 다양한 형태의 교과서가 발행될 수 있다. 하지만 현행 검정제는 교과서 편찬 기준, 검정 기준 등을 통해 국가교육과정보다 더 촘촘한 기준을 제시하고 있다. 따라서 현행 검정제는 국정제와 본질적으로 크게 다를 바가 없다.

다) 인정제

인정제는 일반적으로 민간 저작자나 출판사가 제작, 발행한 도서에 대해 국가 혹은 교육청에서 일정한 심사를 거쳐 교과서로 인정한 후 이를 학교에서 선택하도록 하는 방식이다. 검정제와 인정제 모두 국가의 심사를 거친다는 점에서 동일하지만, 검정제는 정해진 절차에 따라 제작한 교과서를 심의(사전 승인)하는 제도이고 인정제는 이미 제작된 도서 가운데 교과서로 사용해도 무방하다고 인정(사후 승인)하는 제도이다.

우리나라의 인정제는 이와 다른 의미로 사용되고 있다. 인정 교과서 역시 검정 교과서와 마찬가지의 절차를 거쳐야 한다. 다만 인정의 권한이 교육부장관에서 교육감으로 위임되어 있을 따름이다. 이렇게 볼 때 우리나라의 인정제는 검정제와 본질적인 차이가 없다. 교과서의 개발 및 발행, 검정(인정)의 절차가 모두 동일하며 검정(인정)의 기준 역시 획일적·세부적이기는 마찬가지이기 때문이다. 예컨대 인정 교과서인 음악 교과서가 검정 교과서인 국어 교과서에 비해 더 많은 자율성이 보장된 교과서는 아니다.

인정제가 적용되는 교과목은 대체로 중고등학교의 체육·예술 및 생활·교양 영역의 교과목과 특목고 및 특성화고등학교에서 주로 사용하는 전문 교과이다. 이 영역에 해당하는 과목은 수백 개가 넘는다.

이들 과목에 인정도서가 적용되는 이유는 수요가 적은 소수 과목의 교과서를 출판사들이 검정도서로 개발하려 하지 않아, 이를 시도교육청이 개발하도록 한 것이다.

현행 인정제 가운데 의미 있는 부분은 '교육부장관이 정하여 고시하는 교과목 이외의 인정도서'이다. 2015 개정 교육과정 총론에는 "학교는 필요에 따라 이 교육과정에 제시되어 있는 과목 이외에 새로운 과목을 개설할 수 있다. 이 경우 시도교육청이 정하는 지침에 따라 사전에 필요한 절차를 거쳐야 한다"고 규정하고 있으며, 이 조항에 따라 새로운 과목을 개설할 경우 이에 사용되는 교과서를 인정도서로 규정하고 있다.

시도교육청 차원에서 개발하여 인정 절차를 거쳐 학교에서 활용하도록 하는 인정도서 가운데 가장 대표적인 사례가 「민주시민」, 「평화시민」, 「세계시민」 교과서이다. 학교에서는 '시민교육' 과목을 개설하여 이 교과서를 사용하거나, 다른 과목에서도 기존 교과서와 연계하여 활용할 수 있다.

다만 이러한 사례는 '교육부장관이 정하여 고시하는 교과목 이외의 인정도서'에만 해당될 뿐이다. 다시 말해 국정, 검정, 인정 교과서가 존재하는 경우에는 보다 새로운 관점의 교과서가 개발될 여지가 없다는 의미이다. 따라서 향후에는 학교에서 더욱더 다양한 교육과정을 편성·운영하는 데 도움이 되는 방향으로 인정제가 개선되어야 한다.

라) 자유발행제

교과서 자유발행제는 통상적으로 국가가 교과서의 저작이나 발행에 대해 관여하지 않고 민간 저작자나 출판사에 모든 권한을 위임해 주는 방식을 의미한다. 교과서 자유발행제는 무엇보다 기존의 교과서 제도가 급변하는 지식 정보의 다양한 흐름을 신속히 학습 내용으로 수용하지 못한다는 점, 교과서의 다양성을 확보하지 못한다는 점, 교과서를 다양한 교수학습 자료의 하나로 인식하기보다 경전처럼 취급하게 만들어 수업을 획일화한다는 점 등의 문제점을 극복할 수 있는 대안으로 꾸준히 제기되어 왔다.

교과서 자유발행제가 도입되고 있는 나라로는 프랑스, 영국, 호주, 네덜란드, 핀란드 등 주요 유럽 교육 선진국을 들 수 있다.서지영 외, 2011: 강선주 외, 2012 그런데 자유발행제를 도입하고 있는 나라들도 그 유형이 조금씩 다르다. 예를 들어 프랑스는 중등학교의 경우 국가의 개입이 아예 없는 완전한 자유발행제를 취하고 있지만, 초등학교의 경우 최소한의 인정 기준을 도입하고 있어 인정제에 가까운 자유발행제로 볼 수 있다. 흔히 인정제를 도입하고 있는 나라로 알려진 미국, 독일 등도 한국의 인정제에 비해 그 기준이 상당히 완화되어 있어, 우리나라의 기준으로 볼 때 사실상 자유발행제에 가까운 것으로 볼 수 있다.

이러한 점들을 고려해서, 교과서 자유발행제를 다음과 같이 '약한 의미의 자유발행제', '보통 의미의 자유발행제', '강한 의미의 자유발행제'로 구분할 수 있다.[1]

---

1. 김재춘 외(2004)에서 제시된 내용을 재구성하였음.

교과서 자유발행제의 세 가지 유형과 특징

구분	약한 의미의 자유발행제	보통 의미의 자유발행제	강한 의미의 자유발행제
교과서 저작 근거	국가교육과정의 지침과 인정 심사 기준	국가교육과정의 최소한의 기준	집필자의 전문성에 근거한 교육적 판단
교과서 채택/ 사용	인정도서 목록에 한하여 학교의 심의에 따라 자율적으로 선택	민간 출판사에서 제작된 교과서를 학교의 심의에 따라 자율적으로 선택	교사가 자율적으로 선택
교과서의 범주	인정도서	국가교육과정에 따라 발행된 민간 출판 교과서	모든 교육적 자료

여기서 말하는 '약한 의미의 자유발행제'는 사실상 '본래적 의미의 인정제'에 해당한다. '약한 의미의 자유발행제'는 민간 출판사가 국가교육과정에 따라 자유롭게 교과서를 발행하고, 이를 지금보다 훨씬 완화된 절차와 기준에 따라 인정하는 제도를 의미한다. 우리나라에 이러한 '약한 의미의 자유발행제'(본래적 의미의 인정제)를 도입한다면 다음과 같은 방안이 가능할 것이다.

- 인정제 적용 교과목을 확대한다. 기존의 검정 교과서가 존재하는 교과에서도 교사의 판단에 따라 인정 교과서를 채택할 수 있도록 한다.
- 인정도서 발행을 위한 절차 및 인정 기준을 완화한다.
- 학교 차원에서 신설 과목 개설을 유도하고, 이에 따른 인정도서를 개발할 수 있도록 지원한다.

'보통 의미의 자유발행제'는 민간 출판사가 국가교육과정에 근거하여 교과서를 자유롭게 발행하되, 이에 따른 특별한 심사를 받지 않는 제도를 의미한다. 이는 현재 프랑스에서 채택하고 있는 형태의 교과서 제도이다. 교과서를 자유롭게 발행하되 국가교육과정을 준수해야 하고 학교운영위원회의 심의를 받는다는 점에서 최소한의 검증 장치는 존재하는 방식이다. 다만 이 경우 국가교육과정이 제대로 반영되었는지를 교사들이 일일이 확인해야 하며, 출판사들이 시장 논리에 좌우될 때 이를 조정하기 어렵다는 단점이 있다.

이러한 상황을 고려하여 우리나라에 '보통 의미의 자유발행제'를 도입한다면 다음과 같은 방안이 가능할 것이다.

- 교육청 단위 공모(개별 교사 혹은 교사학습공동체)를 통해 교과서 개발진을 구성한다.
- 교과서 개발진에서는 국가교육과정을 분석하고 이에 적합한 교과서를 개발하여 출판사를 통해 출판한다.
- 교육청에서는 교과서 목록을 작성하고 이를 타 시도와 공유하여 학교에 안내한다.
- 학교에서는 일정한 절차(교과협의회 및 학교운영위원회, 혹은 외부 전문가와 연합하여 구성된 교과서선정위원회)에 따라 교과서를 선정한다.

'강한 의미의 자유발행제'는 교과서의 저작권, 채택권, 사용권에 대해 국가 및 교육청, 학교가 어떠한 제약도 하지 않고 교사들에게 완전히 위임하는 제도를 의미한다. 이는 가장 이상적인 형태의 자유발행제라 할 수 있으나, 현실적으로 거의 존재하지 않는 방식이기도 하다. '강한 의미의 자유발행제'는 국가수준의 교육과정이 존재하지 않고 교육과정 자율성이 교사에게 보장되어 있으며, 교사의 전문성에 대한 사회적 신뢰가 정착된 상황에서 가능할 것이다. 그러나 현재 우리나라의 조건에서도 대안교육형 특성화학교, 초등학교 통합교과, 고등학교 전문교과 중 실기·실습을 위주로 하는 과목 등에서는 적용 가능한 제도로 볼 수 있다.

(2) 교과서 제도 개선을 위한 과제

앞에서는 현행 국정·검정·인정 교과서제의 실태와 현황을 분석하고 그 문제점을 지적하였다. 이를 개선하기 위한 과제는 다음과 같다.

첫째, 검정도서 및 인정도서의 집필 기준, 검·인정 기준을 대폭 완화하여 보다 창의적이고 다양한 교과서가 발행될 수 있도록 유도한다. 법령 준수, 교육과정 반영, 저작권 보장 여부 등을 중심으로 집필 기준 및 검·인정 기준을 간략하게 한다.

둘째, '국정도서·검정도서가 없는 경우 또는 이를 사용하기 곤란하거나 보충할 필요가 있는 경우'에만 인정도서를 발행·사용할 수 있도록 한 현행 규정을 개정하여, 국정·검정도서가 있는 경우에도 인정도서를 발행·사용할 수 있도록 한다. 그리고 현재와 같이 교육과정 개정 시기에만 교과서를 발행하는 것이 아니라 교사 및 연구자들이 언제든지 더 좋은 교과서를 개발하고 이를 인정받아 학교현장에 보급할 수 있는 기회를 제공한다. 이렇게 함으로써 다양한 국정·검정·인정도서들이 공존하는 가운데 교사들의 다양한 교과서 선택권, 교과서 개발권을 보장한다.

인정도서 연구·개발을 활성화하고 인정도서의 질을 높이기 위해 교육청에서는 연구·집필진을 공모하는 등 다양한 지원책을 마련한다. 교사 및 연구자들의 집단지성에 기반을 둔 인정도서 연구·개발 작업을 활성화함으로써 향후 자유발행제 확대를 위한 토대를 마련한다. 학교에서는 교과협의회를 통해 인정도서 가운데 자유롭게 교과서를 채택한다.

셋째, 자유발행제를 점진적으로 도입한다. 모든 학교급, 모든 교과에 자유발행제를 전면 도입하는 것은 현실적으로 불가능할 수 있다. 따라서 자유발행제가 도입되더라도 인정제(사실상 '약한 의미의 자유발행제')와 병행할 필요가 있다. 학교 및 교사의 판단에 따라서 일부 교과에서는 인정도서를 사용할 수도 있고, 일부 교과에서는 자유발행제를 활용할 수도 있다. 또한 경우에 따라서는 인정도서를 채택하더라도 다양한 교재를 병행하여 교수·학습에 활용하는 것도 가능하다. 이러한 과도기적 단계를 거친 후 자유발행 교과서 적용의 여건이 성숙하면, 향후 모든 학교급 및 교과에 교과서 자유발행제를 적용할 수 있다.

(3) 교사의 교과서 개발 및 활용을 위한 지원

앞에서 언급했던 교과서 제도 개선 방안은 결국 교사들이 자발적으로 교과서를 개발하고 자율적으로 교과서를 활용할 수 있는 기반을 마련하는 데 목적이 있다. 이를 위해서는 교사의 교과서 개발을 위한 전문성 향상과 이를 지원하는 시스템이 구축되어야 한다.

이제 교사들의 교육과정 전문성은 기존 교육과정 틀 속에서의 '소극적인 교육과정 재구성'을 넘어 새로운 교육과정을 개발하는 '적극적인 교육과정 재구성' 차원으로 나아가야 한다. 이는 다양한 교과서 개발을 통해 현실화될 수 있다. 그러기 위해서는 교과서 인정제, 자유발행제 등의 제도적 개선과 함께 다음과 같은 방안이 모색되어야 한다.

첫째, 국가교육과정을 대강화하여 시도교육청 및 단위학교에 더 많은 자율권을 부여해야 한다. 또한 현행 검정·인정 교과서 개발 단계에서의 엄격한 집필 기준을 대폭 완화해야 한다. 그래야 보다 실험적이고 다양한 교과서가 개발될 수 있다.

둘째, 교사들의 교과서에 대한 인식이 전환되어야 하며, 이를 위해 교과서의 성격에 대한 명확한 규정이 이루어져야 한다. 교육과정 재구성, 수업 및 평가 혁신의 흐름이 확산되면서 학교현장에서도 과거의 닫힌 교과서관에서 열린 교과서관으로 전환되고 있다. 그러나 입시 위주의 교육 풍토와 과거의 관행 등으로 인해 교과서 진도 나가기 식 수업이 여전히 지속되고 있는 것도 사실이다.

교과서 인정제·자유발행제 도입 등 교과서 제도가 다양화되더라도 교과서를 하나의 성전聖典으로 인식하는 관행이 사라지지 않으면 큰 의미가 없다. 교과서는 교육과정에서 제시한 교육 목표, 성취기준 등을 반영한 하나의 예시 자료에 불과하며, 교사의 자율적 전문성에 따라 교과서의 내용을 취사선택하거나 새로운 자료로 대체할 수 있다는 점을 교사들이 인식해야 한다. 그리고 이에 대한 법적 근거를 국가교육과정 총론에 다음과 같이 제시할 필요가 있다.

교과서 활용 자율성 부여를 위한 교육과정 총론 수정(안)

2015 개정 교육과정 총론	수정(안)
학교는 교과용 도서 이외에 교육청이나 학교에서 개발한 다양한 교수·학습 자료를 활용할 수 있다.	교과용 도서는 교육 목표와 성취기준을 구현하기 위한 예시적 자료이므로, 지역 및 학교의 특성, 학생의 발달 수준이나 특성, 교사의 자율적 전문성에 따라 교과용 도서의 내용을 취사선택할 수 있으며, 교과용 도서 이외에 교육청이나 학교에서 개발한 다양한 교수·학습 자료를 활용할 수 있다.

셋째, 현장 교사와 교육 전문가를 주축으로 하는 지식 공동체가 교과서 개발의 주체가 되어야 하고, 여기에 교사들이 직접 참여할 수 있는 다양한 지원 방안이 모색되어야 한다. 현행 검정 교과서처럼 사실상 출판사가 주체가 되어 교과서를 개발하는 시스템은 채택률이라는 시장경쟁의 원리에 의해 본질이 훼손될 가능성이 높다. 시도교육청이나 지역교육지원청 차원에서 지역별·교과별로 다양한 차원의 교육과정 연구모임을 지원하고, 학교현장의 실천 사례를 오롯이 담아내는 현장 지향적 교과서 개발 시스템이 구축되어야 할 것이다.

넷째, 미래의 교육환경 변화에 적합하면서도 수업 혁신을 유도하는 형태의 교과서 개발이 필요하다. 현재와 같이 국가교육과정 개정 주기에 맞춰 일시에 개발하고 일시에 폐기되는 교과서는 지식 정보의 변화를 따라잡지 못할 뿐만 아니라, 교사들이 다양한 수업의 국면에서 교과서를 활용하거나 학생들이 자기주도적 학습에 활용하기에도 부적절하다. 새로운 교과서는 학생들의 자기주도적 학습이나 협력학습 등을 효율적으로 지원하는 체제로 변화해야 한다.

박진용 외[2014]에서는 이러한 변화에 부응하기 위해 '교과서 내용을 수시로 업데이트하거나 클라우드 형태로 개발하는 체제'를 제안하였다. 이러한 미래지향적 교과서 체제가 구현되기 위해서는 교사의 전문적 학습공동체에 기반을 둔 '교과서 실행 연구' 체제가 구축되어야 한다. 우선 교과서 제도를 다양화하고, 교과서 전면 개정 체제에서 수시 개정 체제로 바꾸어야 한다. 이와 동시에 학교별·지역별·교과별 교과서 연구모임이 활성화되어, 새로운 교과서를 수업에 구현하고 그 결과를 피드백하여 다시 교과서를 수정 보완하는 작업이 일상적으로 이루어져야 한다.

나. 새로운 수학 교과서 개발

앞에서는 인정 교과서, 자유발행 교과서 등의 제도 개선을 통해 다양한 형태의 교과서가 자유롭게 개발되어야 함을 주장했다. 이러한 논의를 바탕으로 현행 수학 교과서의 문제점은 무엇이고, 이러한 문제점을 극복할 수 있는 새로운 수학 교과서 개발의 방향은 무엇인지 살펴보고자 한다.

(1) '개념 제시-문제풀이'만 반복해 온 수학 교과서

최근 혁신교육 운동이나 자유학기제 등 교육 변화 흐름으로 인해 교사가 주체가 되어 교육과정을 재구성하여 가르치는 사례가 늘어나고 있다. 교과서 내용을 그대로 전달하는 방식을 탈피하여 교과서 내용을 재구성하거나 다른 소재를 활용하여 가르치는 교사들을 쉽게 찾을 수 있다. 예를 들어 영어 수업의 경우 교과서 이외에 학생들의 수준에 맞는 자료를 활용한다든가, 사회 수업의 경우 인터넷 등을 활용하여 스스로 자료를 찾고 토론 수업을 한다. 이 같은 흐름에서 교과서는 반드시 사용하지 않아도 되는 보조 자료의 역할로 바뀌어 가고 있다.

하지만 수학 교과의 경우 그렇지 못하다. 수학 수업에서 교과서를 사용하지 않거나 교과서 이외의 다른 내용을 포함시키는 사례는 흔하지 않다. 물론 수학 수업에서도 교사가 학습활동지를 만들어 활용하는 경우는 많지만, 그것은 교과서 내용을 가르치기 쉽게 요약하거나 모둠활동이 가능하게 변형하는 경우가 대부분이다.

수학 교과서가 수업에 미치는 영향은 다른 교과보다 훨씬 절대적이다. 그 이유는 무엇보다 교과 지식의 위계성이 강해 교과서의 일부 내용을 생략하는 것이 쉽지 않기 때문이다. 수학 교사들은 자기가 교과서 일부 내용을 다루지 않을 경우 상급 학년에서 배우는 내용을 따라가지 못할 것이라는 우려를 하게 된다. 그래서 교사가 판단하기에 반드시 가르쳐야 할 필요가 없는 내용이라 할지라도, 교과서에 나온 내용은 모두 다루게 된다. 수학 교과의 경우 '교과서가 곧 교육과정'이라고 해도 과언이 아니다.

이처럼 수학 교과는 다른 교과에 비해 교과서 재구성이 어렵기 때문에, 좋은 교과서를 개발하는 것이 매우 중요하다. 그래서 교육과정 개정 시기마다 교과서 개발에 많은 관심과 노력을 쏟고 있다. 예를 들어 한때 학생들이 수학을 재미있게 접할 수 있도록 수학 내용에 스토리를 입히는 '스토리텔링 교과서'가 만들어지기도 했다.

과연 그동안 수학 교과서는 어떻게 바뀌어 왔을까? 수포자들이 다들 어려웠다고 증언하는 중학교 3학년 인수분해 단원을 교과서 개정 단계별로 살펴보자.

다음은 4차 교육과정 당시 1986년에 발행된 수학 교과서이다.

2. 인수분해

§1. 인수분해의 뜻

○ 인수분해의 뜻을 알아보자.
○ 다항식에서 공통인수를 묶어 내어 인수분해하여 보자.

(물음) 다음 식을 전개하여라.

(1) $x(x+1)$ (2) $(x+2)(x+3)$

위의 물음에서

$$x^2+x=x(x+1)$$
$$x^2+5x+6=(x+2)(x+3)$$

임을 알 수 있다. 이와 같이, 하나의 다항식을 2개 이상의 다항식의 곱의 꼴로 나타낼 때, 처음 식을 인수분해한다고 한다.

이 때, $x^2+5x+6=(x+2)(x+3)$ 에서 $x+2$, $x+3$ 을 각각 x^2+5x+6 의 인수라고 한다.

인수분해와 전개 사이에는 다음과 같은 관계가 있다.

$$(x+2)(x+3) = x^2+5x+6$$

$$(x+2)(x+3) \xrightarrow[\text{인수분해}]{\text{전 개}} x^2+5x+6$$

중학교 교과서 '인수분해' 단원 내용(4차 교육과정, 국정 교과서)

이 교과서의 구성을 보면, 우선 학습 목표를 제시하고 학생들이 비교적 쉽게 따라 할 수 있는 인수분해 예를 보여 준다. 그다음 "하나의 다항식을 두 개 이상의 다항식의 곱의 꼴로 나타내는 것을 인수분해라고 한다"라는 정의를 제시한다. 그리고 그것이 이전에 배운 '전개'와 어떻게 연결되는지 도식으로 보여 준다. 이렇게 전통적인 수학 교과서는 '예시~정의~도식 정리'의 흐름으로 구성되어 있다.

다음은 위의 교과서가 나온 지 10년 정도 지난 후 발간되었던 6차 교육과정 수학 교과서의 '인수분해' 단원이다. 어떤 변화가 있었는지 살펴보자.

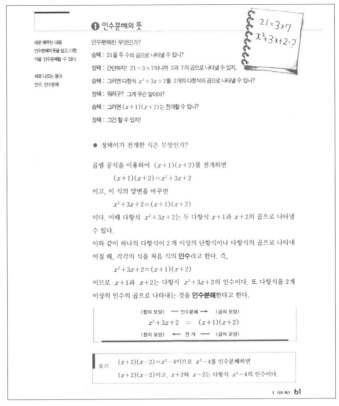

중학교 교과서 '인수분해' 단원 내용(6차 교육과정, 국정 교과서)

우선 한 페이지에 정리되었던 내용이 두 페이지로 늘어났다. 이전 교과서와 달리 대수막대를 통해 인수분해의 개념에 접근하도록 하는 활동이 나온다. 이어서 현실세계에는 존재하지 않을 것만 같은 학생들의 대화를 제시한다. 그리고 이전 교과서와 유사한 예시인 '$(x+1)$ $(x+2)=x^2+3x+2$'가 나온다. 이후 인수분해의 개념을 정리하고 이전 교과서와 같이 도식으로 인수분해와 전개를 연결한다. 10년 전 교과서와 마찬가지로 '예시~정의~도식 정리'의 틀은 동일하다. 다만 예시가 1개에서 3개로 늘어난 것 외에는 큰 변화가 없다.

2007 개정 교과서는 국정 교과서에서 검정 교과서로 바뀌면서 출판사들에 의해 다양한 교과서가 출간되었다. 또 다른 변화는 흑백이던 교과서가 이때부터 컬러로 바뀌었다는 것이다. 2007 개정 교과서 중 많은 학교에서 사용했던 B출판사 교과서의 인수분해 도입 구조를 살펴보았다. 6차 교과서와 동일하게 대수막대 예로 시작하고, 인수분해에 대해 설명한다. 그 예시는 처음 예를 들었던 1986년 교과서에서 사용한 예와 동일한 '$(x+2)(x+3)=x^2+5x+6$'이다. 20년이 지났지만 사용되는 예시까지 똑같다. 그리고 인수분해에 대한 정의를 정의한다. 마지막 도식으로 인수분해와 전개를 연결한다.

현재 사용되고 있는 2009 교육과정 교과서도 대부분의 출판사에서 이와 같은 인수분해 도입을 여전히 사용하고 있음을 확인할 수 있었다. 일선 학교에서 많이 사용하는 A출판사 교과서를 구체적으로 살펴보았는데, 6차 교육과정에서 사용된 학생들의 대화에 학생들의 사진만 넣어서 구성이 완전히 똑같았다. 다만 6차 교육과정에서 사용한 숫자가 '$21=3\times7$'이었다면 2009 교육과정의 A출판사 교과서에서는

'10=2×5'를 사용하고 있었다. 그리고 인수분해에 대한 정의를 제시하고, 도식을 통해 인수분해와 전개와의 관계를 보여 주는 형태였다.

1986년 만들어진 교과서부터 가장 최근까지 사용되고 있는 교과서까지 30여 년 동안 교과서 구성 방식이 전혀 변하지 않았음을 확인할 수 있다. 인수분해는 학생들이 가장 어려워하는 단원임에도 불구하고, 배우는 방식은 변함없이 '예시~정의~도식 정리'라는 형식이었다.

변하지 않은 교과서 구성은 도입 부분만의 문제는 아니다. 교과서 전체의 구성 역시 교육과정이 개정될 때마다 바뀌었지만 30년 동안 전혀 변하지 않았다. 수학 교과서는 언제나 아래와 같은 구성 방식을 이루고 있다.

① 간략한 예시를 통해 도입한다.
② 개념을 정의하고 용어를 설명한다.
③ 도식을 정리하고 관련 문제를 푼다.

이러한 방식은 이른바 교사 중심의 일제식 수업을 유도한다. 대부분의 교과가 교사 위주의 강의식 수업에서 학생 중심의 토론 및 발표 수업으로 변화하고 있지만, 수학 교과는 여전히 일제식 수업이 대부분인 이유도 바로 교과서가 그러한 방식을 유도하고 있기 때문이다.

(2) 새로운 수학 교과서: '문제풀이'에서 '개념 발견'으로
수학 교과서는 어떤 방식으로 바뀌어야 할까?
앞에서도 언급했지만 미국에서 널리 사용되는 CMP 교재의 경우,

교과서에서 개념을 정의하고 이와 관련된 문제를 푸는 우리나라 수학 교과서와는 구성 방식이 정반대이다. 처음부터 개념을 정의하고 설명하는 것이 아니라, 학생들이 개념과 관련된 과제를 주체적으로 해결하면서 자연스럽게 개념을 이해할 수 있도록 교과서가 구성되어 있다. 즉 우리나라 교과서가 연역적 방식이라면, CMP 교재는 귀납적 방식이다. 학생들은 자신들의 일상 경험에서 볼 수 있는 과제, 지적으로 흥미로운 과제를 개인 또는 모둠별로 해결하면서 해당 단원에서 알아야 할 개념을 익히게 되는 것이다.

우리나라 교과서	개념 도입 ⇨	개념 정의 ⇨	문제풀이
CMP 등 외국 교과서	과제 제시 ⇨	과제 해결 ⇨	개념 학습

우리나라에서도 새로운 형태의 대안적 수학 교재가 만들어졌다. 교육시민단체인 '사교육걱정없는세상'이 주도하고 30여 명의 현직 교사들이 집필하고 실험하여 출간된 『수학의 발견』이 그것이다. 『수학의 발견』이 나오게 된 배경은 다음과 같다. 앞에서 설명한 것과 같이 우리나라 수학 교과서는 검정제로 발행되며 국가에서 일정 기준으로 심사한다. 그런데 그 심사 기준이 수십 년 동안 변하지 않고 있다. 이 때문에 교과서 구성 방식이 30년 동안 전혀 개선되지 못했고, 이러한 교과서로는 학생이 활동과 토론을 통해 스스로 개념을 발견할 수 있는 수업을 하기 어렵다. '사교육걱정없는세상'은 이러한 문제점을 지적하였

으나, 교과서 제도는 개선되지 않았다. 이에 교육시민단체가 직접 새로운 교과서 모델을 만드는 일을 추진하게 되었다. 2016년부터 시작된 대안교과서 개발 작업은 2019년까지 꼬박 4년에 걸쳐 중학교 수학 대안교과서인 『수학의 발견』이 만들어졌다.

이 책은 기존의 교과서처럼 문제풀이에 익숙해지도록 하는 것이 아니라 학생들이 수학적 원리를 발견하도록 하는 것에 목적을 두고 있다. 이 책의 집필 의도에 따르면 수학의 개념은 일방적으로 주입한다고 해서 제대로 배울 수 있는 것이 아니다. 학생들이 수학적 개념을 제대로 학습하려면 스스로 발견하고 경험하고 생산하는 과정이 필요하다. 즉 수학적 지식을 스스로 구성해야만 학습자들이 개념의 발명자 내지 생산자의 위치로 갈 수 있다. 이런 방식으로 수학을 배울 때 매우 유용한 도구는 '학생들이 스스로 해결할 수 있는 좋은 학습과제'이다. 교사들이 개념을 설명하는 것보다 학생들이 이러한 학습과제를 통해 개념에 접근하는 것이 훨씬 효과적이다. 이 책은 이러한 학습과제를 개발하려는 현장 교사들의 노력으로 만들어진 교재이다.

『수학의 발견』이라는 교재가 일반 교과서와 어떤 점에서 구성이 다른지, 중학생들이 어려워하는 부분 중 하나인 '기울기' 단원을 통해 살펴보자. '기울기'는 두 변수 가운데 하나의 변수를 기준으로 다른 변수의 변화량을 수치로 나타내는 개념이다. 예를 들면 '속도'라는 개념은 '시간'이라는 변수를 기준으로 '거리'라는 변수가 얼마나 변하였는가를 숫자로 나타낸 것이다. 이 개념은 고등수학의 미적분과 연결되는 시작점으로 중학생이 이해하기 쉽지 않을 수 있다.

대부분의 교과서는 '개념 도입-개념 정의-문제풀이' 형식을 가지고 있다. 일차함수식을 하나 제시하고, 함수식을 표로 나타내고, 그 표에서 값의 변화에 따라 값이 일정하다는 것을 보여 준다. 그 후 일정하게 변하는 것을 분수로 표현하고 그 값이 기울기라고 정의한다. 기울기라는 개념이 왜 생겨났고 그것이 어떤 의미가 있는지 등에 대한 설명은 전혀 없다. 기울기를 처음 배우는 학생들이 이런 교과서로 기울기 개념을 충분히 이해하는 것은 쉽지 않다.

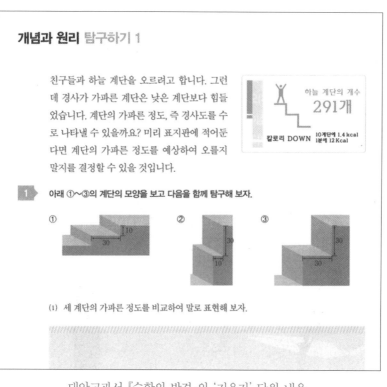

대안교과서 『수학의 발견』의 '기울기' 단원 내용

『수학의 발견』은 이와는 다른 구조를 가지고 있다. 우선 '계단'을 소재로 일상생활에서 기울기를 생각해 볼 수 있도록 하는 학습과제를 제시한다. 너비와 높이가 다른 세 개의 계단을 제시하고 그 차이를 말로 표현하게 한다. 학생들은 이 과제에서 '가파르다, 완만하다, 적당하다' 등 다양한 대답을 할 수 있다. 정답이 하나가 아니고 일상 언어로 대답을 하도록 되어 있기 때문에 수학을 잘하지 못하는 학생들도 어렵지 않게 과제에 대해 답을 할 수 있다. 계단을 통해 기울기의 기본 개념을 충분히 말로 표현해 본 후, 계단의 가파른 정도를 숫자로 표현하는 두 번째 과제를 제시하여 기울기 개념을 학생들에게 더 깊이 생각해 보게 한다.

2 언덕길에 보면 다음과 같은 표지판을 볼 수 있습니다. 아래 모눈종이에 경사로 비율대로 오르막 언덕과 내리막 언덕을 각각 그리고, 왜 그렇게 그렸는지 설명해 보자.

이러한 학습과제를 통해 학생들은 기울기 개념을 어렴풋이 알게 된다. 이 교과서의 특징은 기울기에 대한 정의를 바로 제시하지는 않고, 다시 한 번 기울기의 개념을 일상생활에서 생각해 볼 수 있는 과제를 제시한다. 학생들에게 경사도를 나타내는 표지판의 40%, 20%와 같은 숫자가 무엇을 나타내는 것인지 생각하고 모눈종이에 그려 보게 한다. 학생들은 40%와 20%에 대해 다양하게 상상하고 모눈종이에 이를 그려 본다. 정답이 정해져 있지 않기 때문에 다른 친구들은 어떻게 생각하는지 서로 둘러볼 수 있다. 이러한 과정을 통해 학생들은 기울어진 정도를 $\dfrac{\text{높이}}{\text{너비}}$ 로 나타내는 것이 적당하다는 것을 깨닫게 된다.

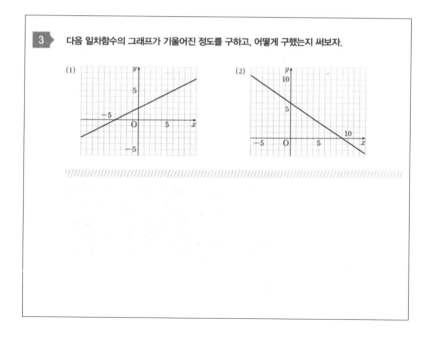

3 다음 일차함수의 그래프가 기울어진 정도를 구하고, 어떻게 구했는지 써보자.

이 정도 활동까지 진행했으면 기울기에 대한 개념 정의가 나올 법도 하지만, 이전 과제에 비해 난도가 높고 도전적인 과제를 다시 한 번 제시한다. 일차함수 그래프를 제시하고 거기서 기울기를 찾아보는 과제이다. 이 과제는 일반 교과서에서라면 기울기에 대한 정의를 제시한 후 곧바로 나오는 문제일 것이다. 하지만 이 교재에서는 기울기에 대한 정의 없이 이 과제를 해결하도록 함으로써, 학생들이 더 깊이 있게 탐구하고 친구들과 협력을 하며 문제를 해결하도록 유도한다. 기울기에 대한 정확한 정의를 배우지 않았기 때문에 다양한 오답이 나오기도 하지만, 학생들은 자신의 답을 다른 학생들의 답과 비교하면서 자신이 문제를 탐구해 온 과정을 다시 한 번 생각하게 된다.

이 활동이 끝난 후에 비로소 기울기의 정의가 제시되고, 이에 대한 자세한 개념 설명이 나오게 된다. 이러한 방식으로 여러 과제를 해결하며 수학을 배우게 되면 실제로 일반 교과서로 수학을 배울 때와 다른 모습이 나타난다.

첫째, 수포자들도 수업 시간에 무엇인가 참여할 수 있게 된다. 일반 교과서로 수업을 할 때에는 개념을 명확하게 이해해야만 문제를 풀수 있다. 하지만 이 교재에는 처음부터 수학적 개념을 활용한 과제를 제시하지 않고 일상 언어를 활용하는 과제가 제시되기 때문에 수학을 잘하지 못하는 학생들도 참여할 수 있다. 그러면서 점차 과제의 난도를 높여 가며 수학적 개념을 익히게 된다.

둘째, 과제 자체가 하나의 정답을 요구하지 않기 때문에 학생들이 자신의 생각을 자신 있게 말하게 된다. 수학은 정답이 명확히 하나만 존재한다는 인식이 강하다. 그래서 수학 시간은 보통 교사가 문제풀이

과정을 설명할 뿐 학생들은 말을 하지 않는 분위기이다. 그런데 이 교재에는 "말로 표현해 보자", "설명해 보자" 등 자신의 사고 과정을 표현하는 것이 주된 과제로 제시되어 있어 학생들의 다양한 반응이 나올 수 있게 된다.

셋째, 학생들이 실질적으로 협력하며 과제를 해결할 수 있게 된다. 일반 교과서의 문제는 정답이 하나로 정해져 있기 때문에 학생들이 다양한 의견을 교환하며 문제를 해결하는 것은 제한된 범위 안에서만 이루어진다. 그러므로 수학 수업에 모둠 활동을 도입하더라도, 보통 아는 학생이 모르는 학생을 가르쳐 주는 방식으로 진행된다. 이는 가르쳐 주는 학생과 배우는 학생 사이에 위계가 생긴다는 단점이 있다. 그래서 수학 수업은 다른 교과에 비해 협력 활동이 원활하지 않지만, 이 교재는 학생들이 개념을 발견해 나가도록 구성되어 있기 때문에 협력 수업을 활성화시킨다. 학습과제 자체가 발산적 사고를 유도하기 때문에 학생들은 다양한 생각을 서로 논의하게 된다.

마지막으로 가장 중요한 것은 교사의 역할을 '지식 전달자'에서 '안내자'로 변화시킨다는 것이다. 일반 교과서는 개념을 먼저 정의하고 문제를 푸는 방식으로 구성되어 있기 때문에, 교사는 개념을 이해시키고 문제 푸는 방법을 설명하는 지식 전달자가 된다. 그렇기 때문에 학생은 지식의 수동적인 소비자가 될 뿐, 지식을 스스로 찾고 활용하는 역량을 키울 수 없다. 교사는 학생이 주체가 되어 지식을 발견하도록 안내하는 역할을 하는 것이 바람직하다. 그러기 위해서는 교과서가 그러한 방식으로 구성되어야 한다.

실제로 『수학의 발견』을 활용해 수업을 진행한 교사들의 인터뷰를 살펴보면 처음에는 "내가 이렇게 설명을 하지 않아도 학생들이 이해할 수 있을까?" 하는 의구심이 들었다고 한다. 이후 학생들이 스스로 과제를 해결하고 개념을 찾는 모습을 보면서, 그것이 더 바람직하다는 생각을 갖게 되었다고 한다. 엎드려 있거나 딴짓을 하는 학생들이 줄어들고 조금이라도 수업에 참여하는 학생들이 늘어나는 것을 보면서, 자신의 역할을 지식의 안내자로서 정립하게 되었다고 한다.

정말 처음에는 무척 힘들었던 것 같아요. 이렇게 시간이 흘러 버려서 허송세월이 되면 어쩌나 두려웠고, 조바심이 들어서 제가 그냥 해답을 설명하고 싶을 때가 있지만, 한 5분만 기다리면, 아이들의 역동성이 보이거든요. 기다리면 그 순간이 와요. _서울 ○○중 교사

무엇보다 제 자신이 바뀌었어요. 저는 혼자 수업을 잘한다고 착각에 빠져 있었던 것 같아요. 왜냐면 교과서에 나와 있는 내용을 학생들에게 정말 열심히 설명해 주고, 예제도 정말 성실하게 풀어 줬거든요. 하지만 저 혼자 만족스러워했고 아이들을 제대로 보지 못했던 것 같아요. 『수학의 발견』으로 수업을 하면서, 내가 그동안 수업을 잘하고 있었던 것이 아니라는 저 자신에 대한 반성을 하게 되었어요. _서울 ○○여중 교사

이경은, 2019에서 인용

수학 수업에 가장 많은 영향을 주는 교과서가 지난 수십 년 동안 모양만 바뀌었지 내용은 전혀 바뀌지 않았다. 수학 교과서는 늘 '개념 도입-개념 정의-문제풀이'라는 구조를 고수하고 있다. 개념 정의가 성급하게 제시되고 바로 문제를 풀도록 되어 있기 때문에, 학생들은 개념도 제대로 이해하지 못한 채 무의미한 문제풀이를 반복해 왔다.

학생들이 수학적 개념을 발견하면서 수학적 사고력을 키우기 위해서는 수학 교과서의 개선이 필요하다. 그 개선 방향은 문제풀이 중심 교과서에서 개념 발견 중심 교과서로 전환되는 것이다. 교과서 구성이 변하면 교사의 역할도 바뀔 수 있다. 단지 개념을 전달하고 문제풀이 하는 방법을 알려 주는 역할에서 학생들이 수학 개념을 발견할 수 있도록 안내하는 역할로 전환될 것이다. 그렇게 되면 수학을 혐오하는 학생들은 상당히 줄어들고, 음악, 미술, 체육과 같이 수학을 즐기는 학생들이 늘어날 것이다.

『수학의 발견』은 새로운 교과서 개발의 첫걸음으로 큰 의미가 있다. 그리고 여전히 현행 법령상 정식 교과서로 활용될 수 없고 보조 교재로 활용될 수밖에 없다. 향후에는 인정 교과서, 자유발행 교과서 확대 등 교과서 제도의 개선과 함께 이러한 새로운 교과서들이 다양하게 개발되고 학교현장에서 자유롭게 활용되기를 기대해 본다.

II.
학교에서 할 일

1. 수학교육 본연의 목적 회복하기

우리나라 사람들에게 학창 시절에 배웠던 과목 중에 가장 싫은 과목이 무엇이었는지 묻는다면 상당수가 수학이라고 대답할 것이다. 그만큼 수학은 어렵고 재미없는 과목으로 인식되고 있다.

수학에 대한 이러한 인식은 2017년 국가수준 학업성취도 평가의 정의적 영역 설문 조사 결과에서도 명확히 나타난다. "수학 학습에 최선을 다하고 있는가?(학습 의욕)", "수학이 나의 현재의 삶과 미래에 얼마나 도움이 되는가?(가치)"를 묻는 항목에서 '낮음'으로 대답한 학생은 20% 미만에 불과했다. 하지만 수학에 대한 흥미가 낮은 학생과 수학에 대한 자신감이 낮은 학생은 20%를 넘어섰다.

즉, 우리나라 학생은 수학이 자신의 삶에 도움을 주기 때문에 열심히 하고자 하는 마음은 강하지만, 막상 수학에 대한 흥미와 자신감은 매우 낮은 것으로 나타났다. 특히 수학에 대한 자신감은 중학생에 비해 고등학생이 10% 이상 더 낮았다. 학생들은 중학교에 비해 고등학교 수학을 훨씬 더 어렵게 느끼고 그로 인해 자신감이 급격하게 떨어

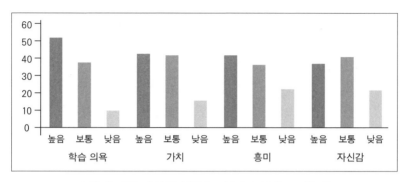

수학에 대한 정의적 영역별 비율(%, 중학교 3학년)

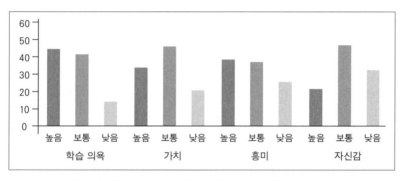

수학에 대한 정의적 영역별 비율(%, 고등학교 2학년)

출처: 교육부(2017)

지고 있는 것이다.

수학자들은 수학 교과를 싫어하고, 수학을 포기하는 원인에 대해 더 근본적인 이유가 있다고 주장한다. 미국의 수학자 록하트 Rockhart[2009]는 인류가 발전시킨 수학의 본질과 현재 학교에서 가르치는 수학이 전혀 다르기 때문에 수포자가 발생한다고 하였다.

수학은 논증의 예술이다. 수학 수업에서 학생은 바로 이런 예술적 활동을 해야 한다. 즉 자기 스스로 문제를 제기하고, 추측하고, 발견하고, 틀리기도 하고, 창조적 좌절을 느끼기도 하고, 영감을 얻고, 자기 자신만의 설명과 증명을 짜 맞춰 보는 것이다. 학생에게서 이런 활동 경험을 빼앗는다면 당신은 학생에게서 수학 자체를 빼앗는 것이나 마찬가지다. 그러므로 나는 학교 수학 수업에 암기나 공식이 사용되는 사실에 불만을 토로하는 것이 아니다. 수업에 수학 자체가 없다는 사실에 불만을 토로하고 있는 것이다.Rockhart, 2009: 30

그는 수학이라는 학문이 인류가 던진 질문들에 대해 발견과 추측을 해 나가며 직관과 영감에 사로잡히는 과정인데, 학교에서는 수학을 공식과 정의를 배우고 알고리즘을 외워 문제를 푸는 과목으로 왜곡시켰다고 비판했다. 또한 수학은 시, 음악, 미술과 같이 순수한 유희와 인간 정신의 고양을 위한 예술과 같은 것임에도 불구하고, 오직 실용성만을 강조함으로써 수학 본연의 의미를 왜곡시켰다고 주장하고 있다.

많은 사람들은 초등학교 시절에 배운 사칙연산만 알면 실생활에 별 어려움이 없다고 생각한다. 그래서 그 이상의 수학은 배울 필요가 없다고 주장하는 사람도 있다. 하지만 록하트Rockhart2009의 관점에 따르면, 수학이 매우 실용적인 학문이기 때문에 배워야 하는 것이 아니라, 예술이나 체육처럼 수학을 배우는 것 자체가 목적이고 즐거운 것임을 알아야 하는 것이다.

볼러Boaler 2016는 사람들이 수학은 규칙과 절차에 대한 과목이고 수학에서의 정답과 오답은 확실하게 구분된다는 오해를 하고 있다고 보왔다. 이와 반대로 그는 수학은 삶에서 만나는 모호하고 매력적인 문제에 대한 끊임없는 질문과 그 문제에 답을 찾아가는 과정으로, 창의적이며 생동감이 넘치는 과목이라고 주장한다.

우리 주변에서 수학을 좋아하는 사람들에게 그 이유를 물어보면 대부분 수학은 정답이 명확하기 때문이라고 대답한다. 그러나 이는 수학의 극히 일부만 아는 것이다. 수학은 정답이 없을 수도 있으며 정답의 존재 여부조차 모를 수도 있다. 많은 수학자들이 여전히 답이 있는지조차 모르는 '수학 난제'를 풀기 위해 노력을 기울이고 있다. 수학은 자신이 갖고 있는 질문을 수학적 장면으로 전환하여 논리적 사고 과정을 통해 그 해답을 찾아가는 여정이다.

이 여정은 수학 성적이 높은 소수만 참여할 수 있는 것이 아니라 성적과 상관없이 누구나 참여할 수 있는 과정이다. 사칙연산이 서툰 초등학생부터 고등학생까지 관심 있는 수학적 주제에 질문을 던지고 그 해답을 찾아가는 수학을 경험할 수 있다. 이런 수학을 경험할 수 있도록 수학 교육과정이 구성되어야 한다.

학교에서의 노력만으로 이러한 수학교육이 가능한 것은 아니다. 앞에서 언급했듯이 국가교육과정의 개선, 수능 및 내신 제도의 개선, 교과서의 개선 등 제도적 차원의 노력이 필요하다. 하지만 이러한 제도의 개선 이전에는 학교에서 아무것도 할 수 없다는 것도 바람직한 태도는 아니다.

학생들이 다른 과목에 비해 수학을 유독 어려워하고 싫어하는 이유는 수학이라는 학문 자체의 성격보다는 수학 교과가 학생 서열화의 손쉬운 도구로 전락했기 때문이다. 대입에서 수학이 당락을 좌우하는 영향력이 매우 클 뿐만 아니라, 고등학교 내신평가에서도 수학의 난도가 유독 높다. 고등학교 내신평가의 경우 수학 교과의 평균 점수는 30~40점에 불과한 경우가 적지 않다. 그만큼 학교현장에서 수학교육 자체의 본연적 목적보다 서열화를 중시하고 있다는 의미이기도 하다.

수학이 학생 서열화의 도구가 아니라면 수학을 가르치는 본연의 목적이 무엇인지 다시 생각해 보아야 한다. 수학자들의 의견을 종합해 보면 수학은 '논증의 학문'이다. 스스로 문제를 제기하고 가설을 검증하고 규칙을 발견하는 과정에서 창조적 좌절을 느끼기도 하지만, 여기에서 다시 영감을 얻고 자기만의 증명을 찾아가는 경험이 바로 수학의 본질이다.Rockhart, 2009

학교에서의 수학교육은 그러하지 못하다. 학생들의 입장에서는 전혀 관심도 없고 왜 풀어야 하는지도 모르는 수십 수천 개의 문제가 나열되어 있을 뿐이다. 물론 그 문제를 해결하기 위한 공식이 주어지지만 학생들은 그 공식을 왜 외워야 하는지 이유를 알 수 없다. 왜 알아야 하고 왜 풀어야 하는지 이유도 모르는 문제를 12년 동안 주야장천 풀어야 하기 때문에 수학에 흥미를 잃을 수밖에 없는 것이다.

수학교육 본연의 목적을 회복하려면 무엇보다 수학 교사들의 결단이 필요하다. 수학 교사는 다른 사람들에 비해 수학적 성향이 높은 사람이고, 수학 문제를 해결하는 과정에서 논증과 발견의 즐거움을 느껴 본 사람들이다. 그렇기 때문에 역설적으로 수학 교사는 대부분의 학생들이 수학적 성향이 낮고 수학의 즐거움을 깨닫지 못한다는 사실을 이해하기 어려운 태생적 한계를 지니고 있다. "이처럼 재미있고 아름다운 수학의 세계를 왜 학생들은 이해하지 못할까?"라며 답답해하는 수학 교사들이 적지 않다.

더욱이 우리나라의 입시 현실은 수학을 학생 서열화를 위한 손쉬운 도구로 활용하고 있기 때문에, 수학 교사들은 수학교육 본연의 목적을 망각한 채 '수학의 입시 도구화' 현상에 쉽사리 부응하기도 한다. 오히려 "입시에 매우 중요한 수학, 다들 어려워하는 수학을 가르치고 있다"는 것을 자신의 존재 이유로 삼을 수도 있다. 사회학적 개념으로 표현하자면, 이러한 성향이 수학 교사들이 일반적으로 갖고 있는 '아비투스'라 할 수 있다.

아비투스habitus란 영어 'habit(습관)'에 해당하는 프랑스어이다. 프랑스 사회학자인 부르디외Bourdieu1979는 이를 사회학적 개념으로 사용하였다. 그는 이 개념을 '특정한 환경에 의해 형성된 특정한 성향이나 판단, 무의식적으로 나타나는 행동 양식'이라는 의미로 사용했다. 쉽게 말해 '사회적으로 형성된 마음의 습관'이라 할 수 있다. 그는 이 개념을 바탕으로 프랑스 자본가계급의 문화적 취향을 분석하였다. 예를 들어 부유층은 명품 소비를 통해 자신을 다른 사람과 구별 짓고자 하는 습속이 있다는 것이다. 백병부2008는 이를 바탕으로 한국 국어 교사의 아비투스에 대해 연구하였다. 이를 참고로 한국 수학 교사들은 일반적으로 어떤 아비투스를 갖고 있는지 성찰하는 것도 매우 큰 의미가 있을 것이다.

수포자를 포기하지 않기 위해 학교에서 우선적으로 해야 할 일은 수학 교사 스스로 자신이 오랫동안 지니고 왔던 아비투스를 성찰하고 수학교육 본연의 목적을 회복하는 것이다. 이러한 성찰 속에서 진정한 수학 교육과정-수업-평가 혁신이 이루어질 수 있다.

2. 배우는 즐거움을 경험하는 교육과정 재구성

가. 교육과정 재구성의 필요성과 방향

수학교육 본연의 목적을 구현하기 위해서는 교육과정 재구성이 필수적이다. 앞에서는 국가교육과정 및 교과서 개선 등 제도적 차원에서의 교육과정 혁신의 과제를 제시했다. 하지만 아무리 훌륭한 교육과정이나 새로운 교과서가 있다 하더라도 그것이 전국의 모든 학교에 정확히 들어맞을 리가 없다. 학교마다 사정이 다르고 학생들의 수준이나 관심사가 다를 수밖에 없기 때문이다. 그래서 교육과정 재구성은 필연적이다.

교육과정 재구성이란 "이미 정해진 교육과정의 취지나 한계를 성찰하고, 학생들에게 의미 있는 배움을 제공하기 위해 학교나 교사 차원에서 교육과정을 새롭게 구성하는 것"이라고 할 수 있다. 그리고 현행 교육과정 총론에는 "교과와 창의적 체험활동의 내용 배열은 반드시 학습의 순서를 의미하는 것은 아니므로, 지역의 특수성, 계절 및 학교의 실정과 학생의 요구, 교사의 필요에 따라 각 교과목의 학년군별 목표 달성을 위한 지도 내용의 순서와 비중, 방법 등을 조정하여 운영할 수 있다"고 하여, 교육과정 재구성의 근거가 명확히 제시되어 있다.

이에 따라 학교마다 교사마다 다양한 방식으로 교육과정 재구성이 이루어지고 있다. 교과서의 순서를 조정하거나 일부 내용을 덜어 내기도 하고, 새로운 자료를 첨가하거나 다른 교과와의 통합을 시도하는 것이 교육과정 재구성의 구체적인 방식이다.

교육과정 재구성의 출발은 '성취기준 확인'이다. 성취기준이란 '학생들이 교과를 통해 배워야 할 내용과 이를 통해 수업 후 할 수 있거나 할 수 있기를 기대하는 능력을 결합하여 나타낸 활동의 기준'이다. 교과서는 이러한 성취기준에 도달할 수 있도록 다양한 학습 내용을 제시한 하나의 예시적 자료집에 해당한다. 따라서 학교에서 가르쳐야 할 것은 성취기준이지 교과서가 아니다. 달리 말해 "성취기준을 가르치기만 한다면 교과서는 가르치지 않아도 된다"라고까지 말할 수 있다. 그러므로 학교에서 교사들은 성취기준을 중심으로 교육과정을 재구성하되, 그 가운데에서 교과서는 하나의 참고자료로서 활용해야 한다.

'교과서를 가르치는 것이 아니라 성취기준을 가르치는 것'이라는 인식이 명확해지면, 교과서의 내용 가운데 상당 부분을 덜어 낼 수 있다. 과도하게 많은 분량을 줄이고, 지나치게 어려운 과제는 뺄 수 있다. 이를 '교육과정 적정화'라고 한다. 특히 수학 교과는 대부분의 학생들이 배워야 할 내용이 많고 어렵다고 느끼기 때문에 '교육과정 적정화'가 매우 중요한 과제이다.

너무 많고 너무 어려운 교육과정, '적정하지 않은 교육과정'은 다음과 같은 문제점을 지니고 있다. 우선 교사의 입장에서 볼 때 적정하지 않은 교육과정은 '진도 나가기 식 수업'을 유도한다. 많은 분량의 진도를 빠른 속도로 나가다 보니 학생들이 제대로 배우고 있는지를 살필 여유가 없게 된다. 그러다 보면 수업 시간에 질문을 하는 학생들을 묵살하기 쉽고, 잠을 자거나 딴짓을 하는 학생들을 독려해 가며 수업에 참여시키기 어렵다. 다양한 모둠활동이나 토의·토론 활동 등 학생 참여형·협력형 수업을 할 만한 시간을 확보하기 어렵다.

이러한 '진도 나가기 식 수업'은 자연스럽게 '수업과 평가의 분리 현상'을 낳는다. 중간고사나 기말고사 시험 범위에 맞춰 진도를 나가면서 일제식·주입식 수업을 하게 되고, 수행평가 등 과정 중심 평가가 이루어질 수 없게 된다.

학생들 입장에서는 고난도의 교육과정, 많은 분량의 교육과정 때문에 일찌감치 수업 참여를 포기하는 학생이 생긴다. 이 책에서 다루고 있는 수포자 문제의 핵심은 바로 '적정하지 않은 교육과정'의 문제이다. 더욱이 고난도의 교육과정에 적응하지 못하는 학생, 이른바 '배움이 느린 학생'이 대체로 사회경제적으로 불리한 학생, 가정의 돌봄을 받지 못하는 학생이라는 점이다. 그렇기 때문에 "적정하지 않은 교육과정이 교육 불평등을 구조적으로 재생산하고 있다"라고 볼 수 있다.

적정하지 않은 교육과정은 소위 공부를 잘하는 학생에게도 그다지 도움이 되지 않는다. 무언가 많은 것을 배운 것 같기는 하지만, 정작 단편적 지식을 머릿속에 쏟아부었을 뿐 사실상 남는 것이 없다.

이와 반대로 '적정한 교육과정'은 배움이 느린 학생도 배려하는 난이도와 분량을 유지하는 교육과정이다. 물론 학교에서의 교육과정 적정화만으로 수포자 문제를 완전히 해결할 수는 없지만, 현재의 난이도와 분량을 어느 정도 조정하는 것만으로도 수포자가 새롭게 발생하는 것을 어느 정도 예방할 수는 있다.

교육과정 적정화는 또한 교사가 진도 나가느라 급급해하지 않는 정도의 분량과 난이도를 유지하는 것이다. 그래야 교사들이 자신의 전문성과 자율성을 발휘하여 교육과정을 재구성할 수 있는 여유가 생긴다. 교사 입장에서 '적정한 교육과정'이란 곧 '여백이 있는 교육과정'이다.

이는 수업 시간에 학생 중심 활동과 수행평가를 진행할 수 있는 시간을 확보하는 것이기도 하다. 예를 들어 예전에는 3시간 동안 빠르게 진도 나갔던 분량을 4시간 동안 여유 있게 다루고, 이 중 1시간은 다양한 모둠활동, 토의토론 등 학생 중심 활동을 진행하고, 이러한 활동 자체가 수행평가로 연결될 수 있도록 하는 것이다. 요즘 '과정 중심 수행평가'가 강조되고 있는데, 이를 위한 필수 조건이 바로 교육과정 적정화라 할 수 있다.

분량과 난이도를 적정화하면 학생들의 학력이 떨어질까 걱정하는 교사가 있을 수도 있다. 그러나 교육과정 적정화는 단지 '쉽게' 가르친다는 것을 의미하지 않는다. 교육과정 적정화는 "더 적게 가르치고 더 많이 배우게 한다The less is the more"는 교육학적 원리에 부합되는 것이다. 이는 2015 개정 교육과정의 "교과의 학습은 단편적 지식의 암기를 지양하고 핵심 개념과 일반화된 지식의 심층적 이해에 중점을 둔다"는 규정과 관련이 깊다. 다시 말해 '많은 것을 얄팍하게 배우는 것'이 아니라 '적은 것을 깊이 있게 배우는 것'을 의미한다. 그래야 학생들의 머릿속에도 배운 내용이 오래 남을 수 있으며, 그것을 바탕으로 여러 상황에 적용하거나 새로운 것을 스스로 탐구할 수 있는 능력이 생길 수 있다.

'핵심 개념', '일반화된 지식' 등 2015 개정 교육과정에 등장하는 용어들은 이른바 '이해 중심 교육과정'에 기반을 둔 것이기도 하다. 위긴스Wiggins와 맥타이McTighe[2000]가 주창한 '이해 중심 교육과정'은 '단편적 지식의 주입'과 '흥미만 강조하는 학습활동'을 넘어 '진정한 이해'에 도달하는 과정을 강조한다. 여기에서는 무엇보다 학생들이 탐구해야 할 '본질적 질문'을 제시하고, 이를 탐구하는 가운데 핵심 개념에 대한 이해에 도달하는 것을 강조한다.

나. 수학 교육과정 재구성의 원리

다른 교과에 비해 교육과정 재구성이 상대적으로 어렵다는 수학 교과에서도 '교육과정 적정화', '이해 중심 교육과정'으로의 교육과정 재구성이 가능하다. 이는 무의미한 문제풀이 반복을 지양함으로써 수업 분량을 줄이는 가운데, '수학적 과제'를 중심으로 학생들의 탐구를 유도하는 방식의 교육과정 재구성이다.

수학 교육과정 재구성을 위한 템플릿(수업 전/수업 중)

0단계: 수업 목표 정하기	이 수업에서 학생들이 이해해야 하는 '수학적 아이디어'는 무엇인가?

1단계: 개별/모둠/전체 공유 구조 계획하기	• 개별 학습과제로 제시할 것은 무엇인가? • 모둠 학습과제로 제시할 것은 무엇인가? • 학생들의 결과물을 어떤 방식으로 공유할 것인가?

2단계: 예상/선정/ 계열 짓기/연결하기	• 학생들이 과제를 해결하기 위해서 사용할 것으로 예상되는 방법은 무엇인가? • 학생들이 범할 것으로 예상되는 오류는 무엇인가? • 어떤 학생의 어떤 아이디어에 초점을 맞출 것인가?

예상하기(선정하기 포함)	가능한 발문(연결하기)	순서	발표자

3단계: 점검/연결하기의 반성	• 개별 활동 또는 모둠 활동에서 학생들은 어떤 사고 과정을 거치고 있는가? • 정확하지 않고 비생산적인 활동을 하는 학생 또는 모둠을 어떻게 안내할 것인가? • 학생 활동 후 수학적 논의를 효과적으로 전개하려면 누구의 생각을 논의 자료로 선정해야 하는가? • 학생들의 다양한 생각이나 전략을 어떻게 연결하여 학생들의 수학적 사고를 확장할 것인가? • 학생들의 결과물을 어떻게 수업 목표로 선정한 수학적 아이디어로 연결할 것인가?

〈의미 있었던 점〉

〈보완하고 싶은 점〉

출처: 사교육걱정없는세상 수학사교육포럼

교육과정 재구성을 하면서 가장 먼저 해야 하는 것은 수업 목표를 명확하게 하는 것이다. 교과서에 주어진 수업 목표가 아닌 교사가 생각하는 수업 목표를 자신의 언어로 표현하는 것이 중요하다. 수업의 목표는 나침반과 같다. 교사가 수업 목표를 명확하게 하지 않으면 수업의 방향과 목적지를 알지 못하고 교과서 진도 나가기에 급급한 수업을 하게 된다. 교육과정 재구성 역시 수업 목표를 달성하기 위한 재구성이 되어야 한다. 그렇지 않으면 보기에만 좋은 교육과정 재구성이 될 확률이 높다. 따라서 교육과정 재구성에서 가장 중요하고 우선되어야 할 것은 교사가 수업 목표를 자신의 언어로 명확하게 기술하는 것이다.

　　두 번째로 할 일은 수학적 과제를 접한 학생들의 반응을 예상하는 것이다. 교사가 수업 전에 학생들의 대답을 예상한다는 것은 기존의 문제풀이 위주의 수업에서는 매우 생소한 일이다. 문제에 대한 정답은 오직 하나만 있다는 것이 일반적인 관념이기 때문이다. 하지만 수학적 과제 중심 수업에서는 주어진 과제에 대한 학생들의 반응이 다양하게 나타날 수 있다. 학생들의 다양한 반응이 비록 정답이 아니라 할지라도, 이는 수업 목표를 달성하기 위한 소재로 활용할 수 있다. 따라서 과제에 대한 학생들의 반응을 예상해 두면, 학생들을 지도할 때 무엇에 집중해야 할지 알 수 있기 때문에 수업 진행에 도움이 된다.

　　세 번째는 과제에 대한 학생들의 반응 중 예상했던 반응을 수업에 활용할 자료로 선정하는 것이다. 물론 예상하지 못한 반응이라도 수업 소재로 사용하기 적합한 것이 있을 수 있다. 이러한 선정 기준은 수업 목표를 달성하는 데 도움이 되는지 여부이다.

네 번째로 과제에 대한 학생들의 반응 중 수업 소재로 활용된 것을 연결해 가는 것이다. 이는 수업 소재로 선정된 학생들의 반응을 어떤 순서로 연결해야 수업 목표에 도달하는 데 효과적일지를 판단하는 것이다. 일반적으로는 표나 그림, 그래프 등 구체적인 것에서 식이나 글 등의 추상적인 순서로 연결하거나, 일반적으로 나올 수 있는 반응에서 예외적으로 나온 반응 순서로 연결하는 것이 좋다.

지금까지 논의했던 '수학적 과제'를 통한 교육과정 재구성은 '① 수업 목표 정하기 → ② 과제에 대한 학생의 반응 예상하기 → ③ 수업 소재로 적합한 학생 반응 선정하기 → ④ 학생의 반응 연결하기' 순으로 이루어진다.

이와 같은 교육과정 재구성 방식은 피츠버그대학 교수인 메리 케이 스테인과 마거릿 스미스가 쓴 『효과적인 수학적 논의를 위해 교사가 알아야 할 5가지 관행』에서 소개되었다.Stein & Smith, 2011 이 책은 학생들이 수학적 지식을 토론을 통해 스스로 발견하기 위해 어떤 원리와 방식으로 수업을 조정할지를 설명하고 있다. 이 같은 재구성 방식은 외국에서 학생들이 수학적 지식을 스스로 발견하도록 안내하는 수업 방식에서 주로 사용된다. 우리나라에서도 앞에서 소개한 『수학의 발견』을 활용한 교육과정 재구성에서 이 방식을 활용하고 있다.

3. 소외되는 학생이 없는 수업 설계

앞에서 제시한 것처럼 교육과정의 분량과 난이도를 적정화하고, 수학적 질문을 중심으로 학생들이 스스로 개념을 찾아 나갈 수 있도록 교육과정을 재구성한다면 훨씬 생동감 있는 수업을 진행할 수 있게 된다. 이때의 수업은 교사의 일방적인 강의 중심 수업을 넘어 학생들이 직접 참여하고 서로 협력하는 배움 중심의 수업이 되어야 한다. 그래야 소외되는 학생이 없는 수업이 이루어질 수 있다.

이러한 수업 설계에 도움이 될 만한 이론을 비고츠키Vygotsky[1978]의 '근접발달영역'이라는 개념에서 찾을 수 있다. 그는 학생들이 언제 어떻게 비약적인 발달을 경험하게 되는지를 집중적으로 연구했다. 이 지점에서 그의 유명한 개념인 '근접발달영역' 이론이 등장한다.

> 근접발달영역은 실제적 발달 수준과 잠재적 발달 수준 사이의 거리이다. 실제적 발달 수준은 독립적 문제 해결에 의해 결정되고, 잠재적 발달 수준은 성인의 안내 혹은 더 능력 있는 또래들과의 협동을 통한 문제 해결에 의해 결정된다.Vygotsky, 1978

이 개념에 따르면 학생들의 발달 수준은 '겉으로 드러난 수준'과 '속에 감추어진 수준'으로 나누어 볼 수 있다. 이를 '실제적 발달 수준'과 '잠재적 발달 수준'이라고 부른다. '실제적 발달 수준'은 어떤 학생이 혼자서도 문제를 해결할 수 있는 수준이고, '잠재적 발달 수준'은 혼자서는 해결할 수 없으나 교사의 안내 혹은 또래 학생과의 협력을 통해서 문제를 해결할 수 있는 수준이다.

교육에서 중요한 것은 학생이 지니고 있는 '잠재적 발달 수준'을 드러내어 이 학생이 성장할 수 있도록 돕는 것이다. 그러나 교과서의 개념을 무작정 외우고 비슷비슷한 문제를 반복적으로 풀어 봐야 '잠재적 발달 수준'은 좀처럼 드러나지 않는다. 따라서 중요한 것은 학생의 '잠재적 발달 수준'이 드러날 수 있도록 수업 과정에서 근접발달영역을 창출하는 것이다.

근접발달영역을 창출할 수 있는 대표적인 교수학습 방법론이 바로 '이질 집단에서의 협력학습'이다. 최근 들어 모둠활동 등을 통한 협력학습이 여러 학교에서 활발히 시도되고 있다. 그러나 모둠활동을 한다고 해서 곧바로 근접발달영역이 창출되는 것은 아니다. 여기에는 몇 가지 조건이 필요하다.

첫째, 근접발달영역을 창출하려면 '이질 집단'을 편성해야 한다. 근접발달영역은 학생 혼자서 스스로 창출할 수 없다. 그렇다고 하여 비슷비슷한 학생들을 모아 놓아도 서로 도움을 주고받을 수 없다. 근접발달영역이 형성되기 위해서는 '다양한 학생들이 섞여 있는' 이질 집단 편성이 필요하다.

반대로 동질 집단에서는 근접발달영역이 형성되기 어렵다. 상-중-하로 나누는 '수준별 수업'이나 비평준화 고교체제가 대표적인 동질 집단 편성의 예이다. 이러한 동질 집단 속에서는 학생들 사이의 의미 있는 소통과 협력이 이루어지기 어렵다. 이른바 '하'반에는 학생들이 다들 학습 의욕이 저하되어 있고 이들을 독려하고 이끌어 갈 만한 존재가 없다. 반대로 '상'반에는 경쟁 문화가 일상화되어 있어 학생들 사이에 실질적인 협력이 이루어지기 어렵다. 그렇기 때문에 '하'반 수업 분위기는 침체되어 있고 '상'반 수업 분위기는 살벌하다.

근접발달영역 개념은 '수준별 수업'이나 '비평준화'의 원리와 정면으로 대치된다. 다양한 역량을 지닌 이질 집단에서 능력이 뛰어난 학생들은 다른 학생들에게 도움을 제공하면서 스스로 자기의 지식을 좀 더 명확하게 이해할 수 있게 되고, 능력이 다소 부족한 학생들은 교사의 설명만으로는 이해하기 어려웠던 내용도 친구들의 도움을 받아 이해할 수 있게 된다. 물론 여기서 말하는 '능력'은 단순히 '지식'만을 의미하는 것이 아니다. 예를 들어 모둠별 활동을 할 때 어떤 학생은 창의적인 아이디어를 내는 능력을, 어떤 학생은 토의한 내용을 체계적으로 정리하는 능력을, 어떤 학생은 토의 결과를 효과적으로 표현하는 능력을 갖고 있다. 이러한 다양한 능력이 어우러지는 가운데 학생들의 전반적인 역량이 성장할 수 있다.

둘째, 근접발달영역을 창출하려면 '협력적 관계'를 형성해야 한다. 근접발달영역 창출의 핵심은 단지 여러 명이 문제를 함께 해결하는 데 있는 것이 아니라 그 가운데에서 실질적인 협력이 이루어지는 것이다. 이런 점에서 협력학습은 일부 협동학습 모델에서 발견되는 고정화된 역할 분배(누구는 머리 역할을 하고 누구는 손발 역할을 하는)와는 그 원리를 달리한다. 중요한 것은 '기법'이 아니라 '관계 형성'이다. 학생들 사이에 일상적으로 협력하는 문화가 형성되어 있는지 여부가 모둠활동 등 협력학습이 성공하는 열쇠이다.

예를 들어 모둠활동은 협력적인 형태로 진행을 하면서도 수행평가는 학생들 간의 경쟁을 부추기는 방식으로 진행된다면, 실제로 모둠활동이 협력적으로 수행되기 어렵다. 또한 학급 운영에서는 전혀 협력적 활동이 이루어지지 않은 채, 수업 시간에만 모둠활동을 도입한다면 마찬가지로 성공하기 어렵다. 일상적인 학교문화, 그리고 교육과정-수업-평가 전반에 협력의 원리가 도입될 때 학생과 학생 사이에 '너와 내가 만나 우리가 되는' 관계성이 형성되어 모둠활동도 원활히 이루어질 수 있다.

셋째, 근접발달영역을 창출하려면 '흥미로우면서도 도전적인 협력적 과제'를 제시하는 것이 매우 중요하다. 동일한 학생집단이라 할지라도 모둠활동이 잘 이루어지는 경우도 있고 그렇지 않은 경우도 있다. 그 현상을 살펴보면, 교사가 학생들에게 제시된 과제의 성격에 따라 그 차이가 나타나는 경우가 많다.

예를 들어 너무 쉽거나 어려운 과제, 혼자서도 해결할 수 있는 과제가 제시되면 학생 사이에 협력이 이루어지지 않는다. 교과서만 보면 정답을 찾을 수 있는 과제, 혼자 계산하면 풀 수 있는 과제가 제시되면 모둠을 편성하더라도 학생들은 각자 학습활동지를 풀고 떠들기만 할 따름이다. 무엇을 하라는 것인지 알 수 없는 막연한 과제나 학생들의 수준에 너무 어려운 과제가 제시되면 학생들은 모둠별로 앉아 아예 과제와 상관없는 잡담만 하게 된다.

따라서 중요한 것은 '실제적 발달 수준(혼자 해결할 수 있는 수준)'과 '잠재적 발달 수준(협력하면 해결할 수 있는 수준)' 사이의 과제를 제시하는 것이다. 이른바 '배움의 공동체'론에서 말하는 '점프 과제'가 이에 해당한다. 너무 쉽지도 너무 어렵지도 않으면서도 학생들의 도전의욕을 불러일으키는 과제, 학생들의 실생활과 밀접하게 관련되어 있어 흥미를 유발하는 과제, 혼자서는 해결할 수 없지만 머리를 맞대면 해결할 수 있는 과제가 그러하다. 예를 들어 다음과 같은 과제가 이에

해당한다.이형빈, 2015; 217

교사가 마지막으로 제시한 과제는 이른바 '점프 과제'였다. 학습활동지에는 다음과 같은 문제가 제시되었고 학생들은 모둠별로 이 문제를 해결하는 활동을 수행하였다.

"디오판토스는 일생의 1/6을 소년으로, 일생의 1/12을 청년으로 보냈다. 일생의 1/7은 자식이 없는 결혼생활을 하였고, 5년 후에 아들을 낳았다. 그러나 아들은 아버지 인생의 반만 살다가 세상을 떠났고 디오판토스는 슬픔 속에 4년을 지내다가 삶을 마쳤다. 디오판토스가 생을 마감한 때의 나이는?"

굉장히 난이도가 어려운 문제일 텐데 학생들은 의외로 아주 적극적인 모습을 보였다. 학생들이 서로 토론하는 목소리가 높아져 교실이 굉장히 소란스럽게 느껴질 정도였다.

넷째, 근접발달영역을 창출하려면 '모든 학생의 성장이 가능하다는 신념'이 필요하다. 비고츠키의 근접발달영역 이론은 학생들이 '실제적 발달 수준'에서 '잠재적 발달 수준'으로 질적으로 도약할 수 있다는 신념을 전제로 한다. 그렇기 때문에 배움이 느린 학생에게 늘 낮은 수준의 과제만 제시하는 것은 이러한 신념과 어긋난다.

"얘들은 공부 못하기 때문에 어려운 것 가르쳐 봐야 소용없어"라는 전제는 학생들을 늘 그 정도 수준에 묶어 놓는 결과를 낳게 된다. 반대로 "적절한 조건이 형성되면 누구에게나 질적인 도약이 가능하다"

는 신념이 필요하다. 배움이 느린 2학년 학생들에게 필요한 것은 1학년 과정을 다시 반복시키는 것뿐만 아니라, 다소 어려워 보이는 문제라 할지라도 교사의 도움과 다른 학생들과의 협력 속에서 도전할 수 있는 기회를 주고 성취의 경험을 맛볼 수 있게 하는 것이다.

여기서 제시한 원칙은 협력 수업의 원리 가운데 일부에 불과하다. 향후에는 본격적으로 수학 수업에서 어떻게 '보편적 학습설계'를 만들어 갈 것인지에 대한 탐구가 필요하다. '보편적 학습설계'란 건축에서 말하는 '보편적 설계Universal Design'에서 유래된 개념이다. 장애인을 위해 만들어 놓은 엘리베이터 등의 편의시설이 모든 사람에게 도움을 주듯이, 배움이 느린 학생들을 위한 수업 방법이 결국 모든 학생들을 위한 수업 방식이 되도록 수업 전반을 설계하는 것을 말한다.

수업을 사회학적으로 바라보면 "수업 방식이 학생의 가정 배경에 따른 격차를 늘릴 수도 또는 줄일 수도 있다"는 명제가 형성된다. 예를 들어 '어렵고 많은 내용'을 '빠른 속도'로 진행하는 일제식 수업은 가난하고 배움이 느린 학생을 소외시킨다. 반면에 '적절한 수준과 분량'을 '여유 있는 속도'로 진행하는 참여형·협력형 수업은 가난하고 배움이 느린 학생들도 수업에 참여시킬 수 있다. 물론 수업의 방식 자체가 교육 불평등을 완전히 해소하지 못하지만 이를 부분적으로 완화시킬 수는 있다. 이를 위해 "학습 소외 현상을 극복하는 다양한 방법의 수업을 설계하고 진행하는 것"이 교사들이 가져야 할 수업 전문성이다.

중요한 것은 이러한 수업을 통해 "학생들에게 사랑과 배려의 모습을 실천"하는 것이다. 교사라면 누구나 학생을 사랑하려는 마음을 갖고 있지만, 수업의 방식을 통해 사랑과 배려를 구현하는 것이 최고의 수업 전문성이다. 수업에서 소외되는 학생이 없도록 하는 것, 수업 시간에 학생들끼리 우정과 협력을 경험하도록 하는 것, 학생들이 수업을 통해 학교에 다니는 의미를 깨닫게 하는 것이야말로 진정한 사랑과 배려라 할 수 있다.

4. 두려움을 유발하지 않는 평가

학생들에게 평가는 그 자체로 '공포의 대상'이다. 특히 수학 시험처럼 난도가 높고 영향력이 큰 평가는 더더욱 그러하다. 인터뷰 대상자인 특목고 학생 서연이는 시험이 끝나면 늘 우는 친구들이 있다고 했다. 그 이유는 "내가 시험을 잘 봤더라도 나보다 잘 본 학생이 많으면 결국 나는 시험을 못 본 셈이어서 운다"라고 했다. 학생들은 시험 결과가 나올 때마다 우울해지고 심지어는 성적을 비관하여 자살을 선택하는 경우도 있다. 이는 극단적인 경쟁 시스템이 낳은 비극이다.

이 연구에서는 경쟁이 치열해질수록 학습의 강도가 높아지는 것뿐만 아니라, 오히려 공부를 포기하는 학생들도 늘어난다는 것을 확인할 수 있었다. 인터뷰 대상 학생들은 수학을 통한 선별 경쟁에서 이미 패배했다는 것을 알기 때문에 더 이상 수학 공부를 할 필요가 없다고 생각했다. 그래서 수학 공부를 하는 것이 '시간 낭비', '돈 낭비'라고 이야기했다. 수학 수업은 경기를 지속하는 학생들 위주로 진행되기 때문에 수포자는 수업으로부터 소외되고 투명인간으로 취급된다. 이 과정에서 수포자들은 인간의 가치를 의심할 정도의 열등감을 갖게 된다.

우리 사회는 이 같은 평가 방식이 익숙하지만 모든 나라가 이런 평가를 하는 것은 아니다. 독일은 1970년대에 평가제도에 대한 근본적인 비판이 대대적으로 일어났고, 그 결과 독일 교육위원회는 다음과 같은 '학교 성과 원칙Leistungsprinzip'을 도입하였다.

> 사회적인 경쟁이 어떻든지 간에 청소년과 교육과 아동 교육의 과정을 지배할 수 없다. 학교에서의 경쟁은 나이에 맞게 이루어져야 하고, 인생에 있어서 부족한 점을 보완해 주고 사회 계층의 차별로부터 자유롭게 하기 위해 도입되어야 한다. 학교에서 교육적 성과 원칙의 적용은 학습에 있어서 어떤 두려움도 유발하지 않는 범주에서 학생에게 차별화된 학습이 제공되어야 한다.Urabe, 2009: 119, 유진영·박균열, 2014에서 재인용

사회적 경쟁이 존재하더라도 그 경쟁이 교육의 과정을 지배하지 못하도록 해야 한다는 평가 원칙은 우리 교육과 대비된다. 우리는 "학교는 사회적 경쟁을 준비하는 곳이므로 객관적이고 공정한 경쟁을 통해 학습을 유도해야 한다"는 경향성을 가지고 있다. 하지만 독일에서는 '사회 계층의 차별에서 자유롭게 하는 것'과 '어떤 두려움도 유발하지 않은 범주'를 강조한다. 평가란 어떤 계층에는 유리하고 어떤 계층에는 불리한 것일 수밖에 없으며, 포기나 열등감 등의 두려움을 유발하기 마련이기 때문이다.

그렇다면 '두려움을 유발하지 않는 평가'란 어떤 방식의 평가일까?

그것은 최근에 널리 확산되고 있는 '과정 중심 평가', '성장과 발달을 돕는 평가' 등과 크게 다르지 않다. 그런데 교육과정 재구성이나 수업 혁신과 마찬가지로 평가 혁신 역시 다른 교과에 비해 수학 교과에서 상대적으로 잘 이루어지지 않고 있는 상황이다.

수학 평가 혁신은 우선 '평가 난이도 적정화'부터 이루어져야 한다. 다른 교과에 비해 유독 수학 시험은 난도가 매우 높다. 인터뷰 대상 수포자 학생들은 중간고사나 기말고사 같은 시험에서 전체 30문항 중 1번에서 3~5번까지만 풀 수 있고 나머지 문항은 그냥 찍어 버린다고 대답했다. 특히 고등학교 수학 시험은 석차등급을 정확히 변별해야 한다는 명목하에 매우 고난도의 시험을 출제하는 것이 일상적이다. 수학 시험 평균 점수가 30점이라면 대다수의 학생들의 입장에서는 이른바 '찍은 점수'나 '푼 점수'가 크게 다르지 않게 된다. 이는 사실상 1등급이 누구인지 정확히 가려내기 위해 대다수의 학생들을 포기하는 시스템이나 마찬가지다.

현재 고등학교는 일부 과목(예체능, 진로선택)에만 절대평가가 적용되고 있고 대부분의 과목은 석차 9등급이 적용되고 있다. 그래서 고등학교 평가에서는 이른바 '변별력'을 가장 중시하고 있다. 원론적으로 볼 때 평가 문항의 '신뢰도'가 확보되면 '변별력' 역시 자연스럽게 확보된다. 하지만 상당수의 고등학교에서 '변별력 확보를 위한 가장 손쉬운 방법'인 '고난도의 문항 출제'를 선택하고 있는 셈이다. 더 큰 문제는 '고난도 문항'뿐만 아니라 이른바 '꼬는 문제', 즉 '타당도가 현격히 결여된 문항'이 버젓이 출제되고 있다는 점이다. 즉 수업 시간에 배운 내용에 비해 현격히 어려운 문항, 본질적인 것을 묻지 않고 지엽적인 것을 묻는 문항, 학생들이 실수를 유도하는 문항 등이 다수 출제되고 있는 상황이다.

이러한 경향은 다른 교과에 비해 유독 수학 교과에서 빈번히 나타나고 있다는 것이 학생들의 증언이다. 이러한 현상은 수학 교과가 학생 서열화의 손쉬운 도구로 활용되고 있는 상황과 직접적으로 연결된다. 따라서 수학 평가 혁신의 첫 번째 과제는 중간고사, 기말고사 등 지필평가의 난이도를 적정화함으로써, 평가의 타당도를 높이는 것이다.

현 단계 중등교육에서 평가 혁신의 핵심 과제는 '과정 중심 평가'의 내실화이다. '과정 중심 평가'란 '수업의 과정에서 자연스럽게 이루어지는 수행평가', '교사가 학생의 학습과제 수행 과정 및 결과를 직접 관찰하면서 이를 전문적으로 판단하는 평가', '평가 결과에 대한 피드백을 통해 더욱 성장할 수 있도록 도움을 주는 평가'를 의미한다.

이러한 '과정 중심 평가'가 이루어지려면 교육과정 재구성 및 수업 방식의 변화가 전제되어야 한다. 앞에서 분석했듯이 '개념 도입-개념 정의-문제풀이'의 반복으로 이루어진 현행 교과서를 진도 나가는 방식으로는 이러한 과정 중심 평가가 이루어질 수 없다. 교육과정의 난이도와 분량을 적정화하고, 수학적 개념을 발견해 가는 협력 수업이 이루어질 때라야 진정한 과정 중심 평가가 이루어질 수 있다.

이러한 과정 중심 평가에서는 수행과제 설정이 매우 중요하다. 수학은 매우 추상적인 기호로 이루어진 학문이기 때문에, 수행과제를 개발하기가 쉽지 않다. 하지만 요즘 많은 수학 교사들이 '실제 삶을 통해 수학적 개념을 발견하는 수행평가', '수학적 개념을 타 교과의 학습이나 사회적 실천에 적용하는 수행평가'를 개발하여 시행하고 있다.

예를 들어 이윤진[2017]은 「확률과 통계」 과목에서 '통계포스터'를 통해 다양한 주제를 탐구하는 수행평가 사례를 제시하였다. 사회교과나 과학교과와 연계하여 '사교육, 그것이 알고 싶다', '청소년들이 SNS를 사용하는 이유', '비염의 실태', '시력은 유전일까?' 등의 주제를 탐구하고 이를 이항분포, 정규분포 등의 개념을 활용하여 통계포스터를 제작하는 사례이다.

다음으로 실천할 과제는 이러한 과정 중심 평가를 시행할 때 '다시 도전할 기회를 주는 평가', '성장의 과정을 관찰하고 기록하는 평가'의 요소를 도입하는 것이다. 사실 우리의 평가 문화에서 이러한 방식은 매우 낯설다. 하지만 평가의 진정한 목적은 학생들을 서열화하는 것이 아니라 학생들의 목표 도달 여부를 확인하고 모든 학생들이 목표에 도달할 수 있도록 돕는 것이다.

경기도 덕양중학교에서는 수학 과목을 포함하여 모든 과목의 평가에서 선다형 평가를 폐지하고, 서술형·논술형 평가로만 이루어진 지필평가, 과정 중심 수행평가를 진행한다. 그리고 수행평가에서는 재도전의 기회를 줌으로써 평가의 두려움을 최대한 없애고 성장의 가능성을 보장하고 있다.

이렇게 '다시 도전할 기회를 주는 평가'를 통해 학생들은 자신의 부족한 점을 실질적으로 보완해 볼 수 있는 기회를 갖게 된다. 이것이 '성장과 발달을 돕는 평가'의 출발이라 할 수 있다. 그리고 '성장과 발달을 돕는 평가'는 교사의 피드백을 통해 한층 구체화될 수 있으며, 학생의 성장 과정을 관찰하고 기록하는 것으로 마무리된다.

덕양중학교 2019학년도 2학년 수학과 평가 계획(일부)

평가과정(점수)	평가 내용		
처음 도전하기	• 주어진 문제를 정확하게 이해하고 접근하였는가? • 주어진 문제의 해결하는 과정이 논리적이며 정확한가? • 주어진 문제의 해답을 정확하게 표현하였는가?		
	등급	채점기준	배점
	A	100점 기준의 80점 이상을 득점	20
	B	100점 기준의 60점 이상 80점 미만을 득점	17
	C	100점 기준의 40점 이상 60점 미만을 득점	14
	D	100점 기준의 20점 이상 40점 미만을 득점	11
	E	100점 기준의 20점 미만을 득점	8
	F	수행평가 미응시자	5
다시 도전하기 (자원자에 해당)	• 주어진 문제를 정확하게 이해하고 접근하였는가? • 주어진 문제의 해결하는 과정이 논리적이며 정확한가? • 주어진 문제의 해답을 정확하게 표현하였는가?		
	등급	채점기준	배점
	A	100점 기준의 80점 이상을 득점	18
	B	100점 기준의 60점 이상 80점 미만을 득점	15
	C	100점 기준의 40점 이상 60점 미만을 득점	12
	D	100점 기준의 20점 이상 40점 미만을 득점	9
	E	100점 기준의 20점 미만을 득점	6

여전히 '평가 결과에 대한 기록'에 대한 인식은 미흡한 편이다. 중학교의 경우 자유학기제에 한하여 기록을 해 주고 다른 학기에는 사실상 기록이 방기되는 경우가 많다. 고등학교의 경우 학교생활기록부 전형 때문에 기록의 중요성이 강조되고 있지만 소수 상위권 학생들을 대상으로만 기록해 주는 경향이 강하다. 하지만 설사 대학 진학이 쉽지 않은 등급을 나타내는 학생이라 할지라도, 수업의 과정에서 궁금

한 점을 적극적으로 질문을 했거나, 다른 학생들과 서로 도우며 문제를 해결하는 노력을 보였거나, 예전에 비해 일정 정도 학력이 향상되었다면 이러한 점들을 기록해 주는 것도 교육적으로 매우 의미 있는 일이다.

수학 평가는 학생의 성장을 돕기 위한 평가로 거듭나야 한다. 그러기 위해서 지나치게 어려운 문항을 출제하는 관행에서 벗어나 평가의 난이도를 적정화해야 한다. 또한 수업의 과정에서 학생들이 서로 협력하며 과제를 탐구하는 과정 중심 평가를 내실화해야 하며, 이를 위해 학생의 삶과 연관된 수행평가 과제를 제시해야 한다. 그리고 이러한 평가를 통해 학생이 무엇을 알고 무엇을 모르는지 파악한 후 재도전할 수 있는 기회를 주어야 한다. 이러한 평가 혁신이야말로 수포자 문제를 해결하는 매우 중요한 실천적 과제이다.

Ⅲ.
사회 구성원 모두가 할 일

1. 수포자 문제를 교육 시스템의 문제로 바라보기

가. 수포자 문제가 교육 시스템의 문제인 이유

수포자가 발생하는 것은 '개인의 노력'이 부족하기 때문인가, 아니면 '교육 시스템'이 잘못되었기 때문인가? 이 연구의 결과에 의하면 수포자 발생의 근본 문제는 '개인의 노력 부족'보다는 '교육 시스템의 문제'이다.

현재의 교육 시스템에서 수학은 학생들을 선별하는 가장 중요한 수단임이 분명하다. 물론 수학 이외의 다른 과목도 선별을 위한 도구로 활용되기는 마찬가지다. 과거에는 영어 교과가 수학 교과 못지않은 선별 도구로 활용되었다. 조기 영어교육, 해외어학연수 등의 열풍을 생각해 보면 이를 쉽게 이해할 수 있다. 이른바 세계화 시대에 미국이라는 초강대국을 배경으로 하는 영어는 단순한 외국어가 아니라 제국주의적 권력으로 작동한다.윤지관, 2007

최근 영어교육에 대한 여러 반성과 실천을 통해 이러한 현상이 조금씩 완화되는 추세로 접어들고 있다. 문법이나 독해 등 전통적인 영어교육을 넘어 의사소통을 중심으로 하는 교수학습법이 이루어지고 있고, 나아가 세계시민으로서의 문화적 자질을 중시하는 방향으로 교육과정이 개정되어 왔다. 특히 수능 시험에서 영어가 절대평가로 전환됨으로써 영어는 선별의 기능이 현저히 줄어들었다. 하지만 그렇기 때문에 수학은 오히려 더욱 확실한 선별의 도구 역할을 하고 있다.

제2부에서 분석했듯이 수능에서 수학의 실질 반영 비율은 31.4%로, 국어 26.5%, 영어 18.2%, 탐구 24.7% 등 다른 영역에 비해 월등히 높다. 더욱이 수학이라는 학문 자체가 '문어성', '추상성', '비일상성'을 그 속성으로 하고 있기 때문에 중산층에 절대적으로 유리하며, 교육과정 역시 매우 난도가 높고 재도전할 기회를 주지 않는 방식으로 구성되어 있어 사교육의 혜택을 받는 계층에 절대적으로 유리하다.

이처럼 교육 시스템이 선발을 목적으로 설계되어 있다면 누군가는 반드시 배제될 수밖에 없다. 이 연구에 참여한 수포자 학생들은 중학교와 고등학교 수업과 평가를 통해 배제되는 경험을 했다고 응답했다. 특히 우열반 수업, 고난도의 평가가 이들에게 얼마나 부정적인 영향을 미치는지 확인할 수 있었다. 그렇기 때문에 이들은 자기 자신을 '이길 가능성이 없는 경기에서 남는 시간을 때우며 버티는 사람'으로 인식하고 있었다. 특히 고등학교 수학 수업은 소위 '하는 애들만 데리고 가는' 방식으로 진행된다. 여기서 수포자들은 수업을 방해하지 않는 '투명인간'이 되기를 요구받는다. 수포자들은 이러한 배제에서 벗어나기 위해 또다시 수학 공부에 도전하지만 대부분 선수학습 결핍을 메우지 못한다. 설령 가까스로 선수학습을 메웠다 하더라도 변별력만을 위한 고난도 시험 문제 때문에 다시 배제당한다. 이 과정을 거쳐 이들은 수학을 필요로 하지 않는 진로를 선택함으로써 '진정한 수포자'가 된다.

따라서 이러한 교육 시스템이 수포자를 만들고 있다고 할 수 있다. 이 연구에 참여한 대부분의 학생들은 비록 지금은 수포자이지만 초등학교 시절에는 수학에 흥미를 갖고 열심히 참여했다고 대답했다. 또한 방정식이나 함수 같은 단원은 도통 이해하기 어렵지만, 확률과 통계, 도형 같은 단원은 어느 정도 수업에 참여할 수 있다고 하였다. 이런 학생들의 경험을 통해 볼 때, 수학이 선별을 위한 도구로 활용되지 않는다면 대부분의 학생들이 수학을 포기하지 않을 수 있음을 확인할 수 있다. 다시 말해 수학교육이 선별을 목적으로 하지 않고, 수학교육 본연의 모습을 회복한다면 이 학생들도 수포자가 되지 않을 가능성이 높아진다.

근본적으로 수포자 문제는 우리 교육이 과도하게 경쟁적이며, 수학이 이 경쟁의 수단으로 작동하기 때문에 발생하는 문제이다. 우리나라의 교육이 어느 정도로 경쟁적인지를 알려 주는 흥미로운 연구가 있다. 김희삼[2018]은 한국, 일본, 미국, 중국 4개국의 대학생 1,000명씩 총 4,000명을 대상으로 각국의 교육의 이미지를 묻는 설문조사를 실시했다. 여기서 우리나라 대학생의 81%가 고등학교의 이미지를 '사활을 건 전장(좋은 대학을 목표로 높은 등수를 차지하기 위해 치열한 경쟁이 일어나는 곳)'이라고 응답했다. 반면, 고등학교가 '함께하는 광장'이라고 응답한 학생은 12.8%에 불과했다. 일본의 경우 '사활을 건 전장'이라고 응답한 대학생은 13.8%인 반면 75.7%가 '함께하는 광장'이라고 응답했다. 같은 문화권인 일본과 비교해도 우리나라 교육이 '타인을 이기지 못하면 내가 지게 되는 전장과 같은 곳'이라고 인식하는 학생이 80%가 넘는다는 것은 매우 충격적인 일이다. 이 같은 결과는 우리 교육이 일본과 비교해도 과도한 경쟁과 선별을 목적으로 하고 있다는 것을 말해 준다.

나. 수포자 문제를 교육 시스템으로 바라본다는 것의 의미

교육사회학의 고전적인 이론에 의하면 자본주의 사회에서의 교육은 계급 불평등을 재생산하는 도구이다. 물론 이러한 고전적인 이론은 좀 더 섬세하게 보완해야 할 필요가 있다. 모든 것을 시스템의 문제로 환원하는 것은 자칫 근본주의적 오류에 빠지거나 비관주의로 흐를 가능성이 있기 때문이다. 사회 구성원의 노력이나 교육 주체의 실천에 따라 학교는 사회 불평등을 완화하는 곳으로 전환될 수도 있고, 더 나은 사회를 만들어 가는 원동력이 될 수 있기 때문이다.

수포자 문제를 교육 시스템의 문제로 바라보지 않고 개인의 문제로 바라보게 되면, 모든 책임을 개인이 짊어지게 된다. 이럴 경우 수포자들은 심한 자괴감에 빠지거나 지배 이데올로기를 내면화하는 수동적인 존재로 전락하게 된다. 이 연구에 참여한 인터뷰 대상자들도 그러한 모습을 보이고 있었다. 즉, 수학 성적이 나쁜 것을 '노력이 부족했기 때문에 어쩔 수 없는 일'로 바라보거나, 자기 자신을 '열등한 존재'로 인식하는 것이다.

하지만 수포자 문제를 교육 시스템의 차원에서 바라보면, 우리 사회 구성원들은 수포자들에게 "그건 네 잘못이 아니야"라고 말을 해야 한다. 그들의 아픔을 어루만지면서 자존감을 회복시켜야 한다. 그리고 수포자 문제를 우리 모두의 공동 책임으로 인식하면서, 이를 해결하

는 방법을 함께 찾아 나서야 한다.

　나아가 이제는 우리 사회가 수포자 문제와 직면하면서 결단을 내려야 할 시점이다. 이른바 4차 산업혁명을 눈앞에 두고 있는 이 시점에 무의미한 문제풀이를 통해 학생들을 선별하는 시스템을 유지할 것인지, 아니면 과감하게 교육 시스템을 전환해야 할지에 대해 사회 구성원 모두가 합의를 내려야 한다.

　I장에서는 수능을 절대평가로 전환하고, 수능 수학 출제 범위를 공통과목 수학(고1에 해당)에 한정하자는 제안을 하였다. 그렇게 되면 2015 개정 교육과정에서 제시된 '미적분, 확률과 통계, 기하, 경제수학, 실용수학' 등은 학생들의 진로에 따라 선택을 하되 내신 성적으로만 반영되게 된다. 이공계열에 진학할 학생들은 주로 '미적분'이나 '기하' 등 고등수학을 선택하게 될 것이고, 상경계열에 진학할 학생들은 주로 '확률과 통계', '경제수학' 등 응용 학문을 선택하게 될 것이다.

　나아가 일반 고등학교 교육과정에 '미적분'과 같은 고등수학을 어느 정도 반영해야 하는지에 대해서도 검토해 볼 필요가 있다. 흔히 "공대에 입학한 학생들이 고등학교 때 미적분도 제대로 배우지 못했다"는 비판도 제기되지만, 반대로 "고등학교에서는 미적분의 기본만 가르치고, 본격적인 내용은 대학에서 가르쳐야 한다"는 반론이 제기될 수도 있다.

　이러한 문제는 결국 사회적 합의를 통해 풀어야 한다. 그동안의 국가교육과정이나 입시제도는 광범위한 사회 구성원의 참여가 보장되지 못한 채, 소수의 엘리트 집단을 중심으로 결정되어 온 것이 사실이다. 향후에는 수학교육 학계뿐만 아니라 학생들을 직접 가르쳐 본 경험이

풍부한 교사, 사교육 부담에 시달려 온 학부모, 학창 시절에 수포자로 살아왔던 시민, 지금 학교에서 수학을 배우고 있는 학생 등 광범위한 사회 구성원이 참여하여 교육과정과 입시제도를 함께 만들어 가야 한다.

수학 교육과정을 어느 수준으로 적정화해야 하는지는 수학을 직접 가르쳐 본 교사가 가장 잘 알고 있다. 과도한 입시경쟁으로 인해 엄청난 사교육비 부담을 안고 있는 학부모들도 이 문제의 직접적인 당사자이다. 고등학교를 '사활을 건 전장'으로 인식해 온 청년들도 이 문제에 대한 발언권을 가져야 한다. 그 누구보다 지금도 교실에서 '투명인간'으로 지내고 있는 수포자의 눈으로 이 문제를 바라보아야 한다.

수포자 문제는 개인의 책임이 아닌 사회 구성원 모두의 책임으로 풀어야 한다. 뫼비우스의 띠처럼 무한히 반복되어 온 악순환의 고리를 끊기 위해 우리 사회가 결단을 내려야 할 때이다. 기존의 공식 속에는 해답이 없다. 새로운 공식을 통해 해법을 찾아야 한다.

2. 메리토크라시를 넘어 사회정의 회복하기

가. 능력주의는 정당한가?

우리 교육이 무한경쟁 시스템으로 왜곡된 근본적인 이유는 압축적 근대화의 과정에서 메리토크라시meritocracy 이념에 따라 교육이 개인의 신분 상승 수단으로 역할을 했기 때문이다. 영국의 교육사회학자 영Young[1958]이 처음 사용한 '메리토크라시'라는 용어는 보통 '능력주의'로 번역된다. 이는 사회의 부와 권력, 역할 등이 '개인의 능력'에 따라 결정되는 사회 시스템과 이념을 말한다.

'능력주의'는 전근대사회의 '귀속신분주의'를 대체하는 개념이다. 전근대사회에서는 아무리 출중한 능력이 있어도 자신의 뜻을 펼치는 데에는 한계가 있었다. 하지만 귀속신분이 폐지된 근대사회에서는 가장 중요한 것이 '개인의 능력'이다. 누구나 능력이 있으면 성공할 수 있다는 것이 근대사회를 지탱하는 중요한 이데올로기로 작용하고 있다.

이처럼 능력주의는 봉건적 굴레를 타파하고자 하는 진보적 이념으로 등장했는데, 능력주의를 작동 가능하게 하는 조건이 '공정한 시험'이다. '공정한 시험'을 통해 개인의 능력을 정확히 측정하고 이를 바탕으로 사회적 지위를 배분하는 시스템이 바로 메리토크라시다. 이러한 '능력주의'와 '공정한 시험'의 결합이 지금 우리 사회의 '학벌사회'를 합리화하는 역할을 하고 있다.

문제는 이러한 능력주의가 자칫 학벌주의에 의한 차별을 정당화할 수 있다는 것이다. 능력주의는 대학입시를 통해 좋은 학벌을 획득한 사람에게 사회적 지위와 부의 독점을 부여하고, 대다수의 사람들은 그것이 정당하다고 생각한다. 반면에 좋은 학벌을 취득하지 못한 자가 높은 지위를 얻는 것은 불공정을 넘어 정의롭지 못하다고 생각한다. 이러한 메리토크라시에 따른 '공정성'에 대한 신화가 우리 사회 곳곳에 자리 잡고 있다.성열관, 2015; 장은주, 2017

예를 들어, '비정규직의 정규직 전환'에 대해 적지 않은 사람들이 반대하는 이유는 정규직 사원과 동일한 채용 절차를 거치지 않은 사람이 정규직이 되는 것은 불공정하다는 논리 때문이다. 이런 논리의 연장선에서 학생들의 다양한 역량을 종합적으로 판단하는 학교생활기록부 전형보다 하나의 기준으로 학생의 학력을 측정하는 수능 시험을 선호하는 국민들이 적지 않다.

이러한 메리토크라시에 따라 학교는 대입이라는 시험 병목을 통과하기 위한 전쟁터 역할을 하는 것이 정당화된다. 이 전쟁의 한복판에 수학이 자리하고 있다. 수학 성적이 높을수록 전쟁에서 살아남을 확률이 높고 그렇지 않을 경우 전쟁에서 패배하게 된다. 부모는 자녀가 생존을 위한 도구를 갖도록 하기 위해 어렸을 때부터 사교육을 시킬 수밖에 없다. 면담 과정에서 나온 한 학생의 표현과 같이 '주구장창' 문제를 풀 수밖에 없으며 다른 친구들에 비해 더 높은 점수를 얻기 위해 선행학습을 하게 된다. 교사는 엄격하고 공정하게 변별하기 위해 모든 학생에게 동일한 범위와 내용으로 가르친다. 또 시험 문제는 변별을 위해 고난도의 문제를 출제한다. 시험의 난도가 높아질수록 공부를 잘하는 학생도 타인보다 더 높은 점수를 받기 위해서 사교육에 의존할 수밖에 없고, 한 번 수학을 포기한 학생들에게 더 이상 재기할 기회는 주어지지 않는다. 수포자는 이미 전쟁터에서 패배한 병사들이라 할 수 있다.

이 연구에서 수포자의 경험을 교육과정사회학적 관점에서 해석해 본 결과 수학을 통한 경쟁은 공정하지 않음을 알 수 있었다. 그 이유는 수학교육의 출발선이 서로 다르기 때문이다. 사람마다 수학적 성향은 조금씩 다르다. 수학적 성향이 뛰어난 학생은 조금만 학습해도 쉽게 지식을 소유하게 되지만 그렇지 못한 학생은 많은 노력을 기울여도 소유하지 못하는 경우가 있다. 이 연구에 참여한 학생들 중 아무리 노력해도 이해되지 않는 수학적 개념이 있다는 것을 확인할 수 있었다.

다중지능이론으로 유명한 가드너Gardner[2006]에 의하면, 인간의 지능은 IQ와 같이 하나의 지능만 있는 것이 아니라, 서로 독립적인 8가지 유형의 지능(언어 지능, 논리·수학적 지능, 공간 지능, 신체운동 지능, 음악 지능, 대인관계 지능, 자연친화 지능, 자기성찰 지능)으로 구성되어 있다. 이 모든 유형의 지능을 완벽히 갖추고 있는 사람은 존재하지 않으며, 사람마다 특별한 유형의 지능이 발달해 있다. 이 이론에 의하면 논리·수학적 지능은 여러 유형의 지능 가운데 하나일 따름이며, 다른 유형의 지능에 비해 우월한 역할을 하는 것도 아니다. 그럼에도 불구하고 수학 성적이 학벌 취득에 절대적인 영향력을 행사하는 시스템은 논리·수학적 지능을 타고난 학생이 절대적으로 유리한 위치를 선점하는 시스템이라 할 수 있다. 따라서 동일한 노력을 한 모든 학생들이 동일한 결과를 얻을 수 있는 것은 아니다. 더욱이 가정의 경제적 배경에 따른 사교육 혜택의 차이에 따라 수학 학습의 기회는 불평등할 수밖에 없다.

나. '사활을 건 전장'에서 '함께하는 광장'으로

메리토크라시라는 개념을 통해 영Young[1958]이 말하고자 하는 핵심은 '능력주의'의 원리가 '민주주의'의 원리에 어긋난다는 점이다. 능력주의가 봉건사회의 신분주의를 대체했지만 그럼에도 불구하고 인간의 존엄성을 보장하는 이념은 아니라는 것이다. 그는 부모의 경제적 지위가 자녀의 교육적 지위로 대물림되는 사회에서 메리토크라시 이념은 계층을 고착화시키는 역할을 할 따름이라고 보았다. 따라서 그는 메리토크라시 사회는 능력을 존중하는 사회가 아니라 민주주의를 파괴하는 디스토피아 사회가 될 것임을 경고하였다.성열관, 2015

우선 능력주의는 개인의 능력에 따라 그에 합당한 사회적 지위가 있다는 것을 전제로 한다. 극단적으로 말해 '더럽고 위험하고 힘든 일'은 '머리는 나쁘나 힘은 센 사람'이 맡아야 한다는 논리이다. 이것이 과연 타당한 논리인지 다시 한 번 생각해 보아야 한다. 개인의 능력 탓이 아니라 선천적인 지능이나 환경, 사회의 제약 조건 등으로 인해 자신의 능력을 발휘할 기회를 얻지 못하는 사람도 있다. 설령 개인의 노력이 부족했다 하더라도 인간의 존엄성마저 무시당하며 차별받는 것이 민주주의의 원리에 맞는 것인지도 생각해 볼 필요가 있다.

『정의론』으로 유명한 롤스Rawls[1971]는 개인의 선천적 배경(가문, 성별, 경제적 배경 등)이나 사회적 지위(학벌, 직업 등)를 '운' 혹은 '공동의 자산'으로 본다. 한 개인이 소유하고 있는 지식이나 능력도, 이에 따른 사회적 지위도 결코 개인의 소유물이 아니라는 것이다. 만약 어떤 아이가 유전적으로 수학적 성향을 타고났으며, 부유층에서 자라면서 사교육의 혜택을 받아 수학적 성향을 개발하여 높은 수학 성적을 얻게 되었다면, 이 역시 '행운'에 의한 이익이라는 것이다. 그렇기 때문에 그는 한 인간의 능력이 결코 개인의 노력만으로 획득한 것이 아니기 때문에 개인이 그 소유권을 주장할 수 없는 '공동의 자산'이라고 본다.

그러므로 개인의 능력에 따른 결과를 사유하는 것은 공정하지도 정의롭지도 않다. 오히려 그 능력을 얻을 기회를 얻지 못한 사람들을 위해 자신의 능력을 활용해야 한다. 롤스Rawls[1971]가 말했듯이 "유리한 처지에 있는 자는 아주 불리한 처지에 있는 자의 여건을 향상시켜 주는 조건에서만 그들의 행운에 의한 이익"을 누릴 수 있다. 이것이 그가 말하는 정의론의 핵심이다.

최근 들어 한국 사회에서 '능력주의'가 화두가 되고 있다. '금수저'가 대물림되는 현상, 각종 채용 현장에서 특권과 반칙이 난무하다 보니 '공정사회'란 곧 '정확히 능력을 측정하여 이에 따라 대접받는 사회'와 동일시되고 있다. 그래서 수능이나 국가고시와 같은 획일화된 평가제도에 대한 선호가 높다. 물론 능력주의의 원리라도 철저히 통하는 사회가 부모의 경제적 지위나 소위 '빽'이 통하는 사회보다 정의롭다. 그러나 우리 교육자들은 '능력주의'를 넘어 '능력' 자체에 대한 교육적·철학적 검토가 필요하다.

영Young[1958]은 능력주의가 철두철미하게 관철되는 사회가 또 하나의 신분 고착 사회가 될 수 있음을 보여 주었다. 롤스Rawls[1971]는 한 인간의 능력이란 '운' 혹은 '사회의 공동 자산'임을 고찰하면서 정의로운 사회란 '최소 수혜자에게 최대의 이익이 돌아가는 사회'임을 설파했다.

우리 사회에 필요한 것은 '능력주의'를 넘어선 '사회정의'의 원리이다. 운이 좋게도 탁월한 능력을 소유하게 된 사람은 그럴 기회가 없는 사람을 위해 자신의 능력을 기꺼이 환원할 줄 아는 사회, 무능력해 보이는 사람도 인간으로서의 존엄성을 존중받을 수 있는 사회가 '능력주의'를 넘어선 '민주주의'의 모습이다. 그러한 역량을 길러 주는 교육이야말로 진정한 사회정의 교육이다.

이 책에서 우리는 '수포자'의 문제로 시작하여 '사회정의'의 문제에까지 이르게 되었다. 수포자 문제는 개인의 문제가 아닌 사회 시스템 문제로 보아야 하며, 수학 성적으로 경쟁하는 시스템 자체가 불공정하다는 사회적 공감대가 형성되어야 한다. 그리고 메리토크라시를 넘어 민주주의와 사회정의를 지향해야 한다. 이와 같은 제도와 인식의 변화를 통해 학교가 '사활을 건 전장'이 아니라 '함께하는 광장'으로 전환될 때, 학생들은 수학을 배우는 즐거움을 경험하게 될 것이며 '수포자'라는 용어는 우리 사회에서 사라질 것이다.

참고 문헌

• 강선주 외(2012). 유럽 주요국의 교과서 제도 비교 및 정책 동향 분석 연구. 한국교과서연구재단 연구보고서 2012-02.
• 교육과학기술부(2011). 중등학교 학사관리 선진화 방안. 보도자료.
• 교육부(2015a). 수학과 교육과정. 교육부 고시 제2015-74호 [별책 8].
• 교육부(2015b). 제2차 수학교육 종합계획. 보도자료. 2015. 3. 16.
• 교육부(2015c). 2015 개정 교육과정 총론 및 각론 확정 발표. 보도자료.
• 교육부(2017). 2017학년도 국가수준학업성취도 평가 결과 보도자료. 2017. 11. 29.
• 교육인적자원부(2006). 2004-2006년도 수준별 이동수업 실시 현황. 2006년도 국정감사 국회제출자료.
• 김동훈(2001). 한국의 학벌, 또 하나의 카스트인가. 서울: 책세상.
• 김상봉(2004). 학벌사회: 사회적 주체성에 대한 철학적 탐구. 한길사.
• 김성수(2016). 수포자 사례연구. 서울: 좋은교사.
• 김용운·김용국(2007). 재미있는 수학여행. 서울: 김영사.
• 김위정·조윤정·주주자·박미희·안상헌(2016). 수능폐지 이후 대입제도 개선 방안. 경기도교육연구원.
• 김재춘(2004). 교육과정 개발의 연구 영역 탐색: 수준별 교육과정 운영을 중심으로. 초등교육연구, 17(1), 371-388.
• 김재춘·김재현(2004). 교과서 자유발행제의 의미 탐색. 한국교육, 31(2), 229-320.
• 박진용 외(2014). 미래 사회 교육환경 변화에 따른 교과서 발전 방안. 한국교육과정평가원 연구보고 RRT 2014-4.
• 백병부(2008). 교사의 아비투스에 따른 교육과정 실행 방식의 차이: 중학교 국어과 교사에 대한 사례 연구. 교육사회학연구, 18(3), 61-86.
• 백병부(2010). 학습부진학생에 대한 수준별 하반 편성 및 특별보충수업의 교육적 효과. 고려대학교 박사학위논문.

- 사교육걱정없는세상(2015). 6개국 수학 교육과정 종합 비교 분석 및 한국 수학교육에 대한 제언. 6개국 수학 교육과정 국제 비교 컨퍼런스 자료집.
- 사교육걱정없는세상(2016). 서울 주요 대학 및 거점 대학 2018학년도 정시모집 수능 영어 반영비율 분석보도. 2016. 12. 19.
- 서근원(2007). 수업에서의 소외와 실존. 서울: 교육과학사.
- 서지영 외(2011). 교과서 정책 국제 비교. 한국교육과정평가원 연구보고 RRO 2011-1.
- 성열관(2008a). 수준별 교육과정의 감환된 의미로서 영어, 수학 이동수업의 효과성 검토. 교육과정연구, 26(2), 167-189.
- 성열관 (2008b). 국가수준 교육과정 의사결정의 특징에 대한 고찰: 은유의 발견. 교육방법연구, 20(2), 41-56.
- 성열관(2015). 메리토크라시에서 데모크라시로: 마이클 영(Michael Young)의 논의를 중심으로. 교육학연구, 53(2), 55-79.
- 성열관(2016). 수업 시간에 자는 학생들에 대한 교사들의 딜레마와 대응 유형, 교육학연구, 54(2), 115-136.
- 성열관·이형빈(2014). '수업 시간에 자는 중학생' 연구: 수업 참여 기피 현상에 대한 근거이론. 교육사회학연구, 24(1), 147-171.
- 윤지관(2007). 영어, 내 마음의 식민주의. 서울: 당대.
- 이경은(2019). 학생들이 개념을 발견하는 수학 수업을 위한 세미나팀을 시작합니다. 미발간 자료.
- 이민경(2014). 거꾸로 교실(Flipped classroom)의 교실사회학적 의미 분석: 참여 교사들의 경험을 중심으로. 교육사회학연구, 24(2), 181-207.
- 이수광·김위정·오동석·김성수·이은경(2016). 학력·학벌 차별 개선 정책과제 및 법제화 방안 연구. 경기도교육연구원.
- 이인효(1990). 인문계 고등학교 교직문화 연구. 서울대학교 박사학위논문.
- 이형빈(2014). 학생의 수업 참여 및 소외 양상에 대한 현상학적 연구. 교육과정연구, 32(1), 25-51.
- 이형빈(2015). 교육과정-수업-평가 어떻게 혁신할 것인가. 서울: 맘에드림.
- 우정호(1998). 학교수학의 교육적 기초. 서울: 서울대학교출판부.
- 유진영·박균열(2014). 독일의 생활기록부 기재방식 및 교육적 활용. 비교교육

연구, 24(6), 187-215.

- 이윤진(2017). 5장 수학. 이명섭 외. 교육과정-수업-평가-기록 일체화 실천편. 서울: 에듀니티.
- 장은주(2017). 시민교육이 희망이다. 서울: 피어나.
- 정광희·김미란·박병영·서남수·김경범·민일홍(2011). 고교-대학 연계를 위한 대입전형 연구(Ⅷ). 한국교육개발원.
- 정진상·김영석·이두휴·황갑진·최태룡·이전·이종래·김경근(2004). 대학서열 체제연구: 진단과 대안. 파주: 한울아카데미.
- 지은림(2017). 자유학기제를 통한 '협력'과 '성장'이 가능한 평가 실현. 사교육 걱정없는세상 자유학기제 토론회.
- 최수일·박재희·박은지·김성수(2015). 교육과정 적정화 연구－수학 교과를 중심으로. 경기도교육청.
- 통계청(2013). 2013년 사교육 의식 조사 결과 보도자료.
- 한국교육과정학회 편(2017). 교육과정학 용어 대사전. 서울: 학지사.
- Apple, M.(1984). *Ideology and Curriculum*. 박부권·이혜영 옮김(1991). 교육과 이데올로기. 서울: 한길사.
- Bernstein, B. (1975). *Class, codes and control volume 3: Towards a theory of educational transmissions*. Second edition. London: Routledge & Kegan Paul.
- Bernstein, B.(2000). *Pedagogy, symbolic control and identity:* Oxford, England: Rowman & Littlefield Publishers. Inc.
- Boaler, J.(2016). *Mathematical Mindsets*. 송명진·박종하 옮김(2017). 스탠퍼드 수학공부법. 서울: 와이즈베리.
- Bourdieu, P.(1977). *Outline of a Theory of Practice*. Cambridge Univ. Press.
- Bourdieu, P.(1979). *La distinction. Critique sociale du jugement*. Paris, Ed. de Minuit. 최종철 옮김(2005). 구별짓기-문화와 취향의 사회학. 서울: 새물결.
- Cho(2014). *Critical pedagogy social change*. 심성보·조시화 옮김(2014). 비판적 페다고지는 세상을 변화시킬 수 있는가?. 서울: 살림터.
- Fishkin, J.(2014). *A New Theory of Equal Opportunity Bottlenecks*.

Oxford University Press. 유강은 옮김(2016). 병목사회. 서울: 문예출판사.

• Gardner, H. E.(2008). Multiple intelligences: New horizons in theory and practice. Basic books. 문용린·유경재 옮김(2007). 다중지능. 서울: 웅진지식하우스.

• Stein, M. K., & Smith, M.(2011). *5 Practices for orchestrating productive mathematics discussions*. VA: National Council of Teachers of Mathematics. 방정숙 옮김(2013). 효과적인 수학적 논의를 위해 교사가 알아야 할 5가지 관행. 서울: 경문사.

• Pais, A.(2013). *An ideology critique of the use-value of mathematics*. Educational Studies in mathematics, 84, 15-34.

• Rawls, J.(1971). *A theory of justice*. Harvard university press. 황경식 옮김(2003). 정의론. 서울: 이학사.

• Rockhart, P.(2009). *A Mathematician's Lament*. 박용현 옮김(2017). 수포자는 어떻게 만들어지는가?. 서울: 철수와영희.

• The Finnish National Board of Education.(2014). *National Core Curriculum for Basic Education 2014*. Helsinki: The Finnish National Board Education.

• Vygotsky, L. S.(1978). *Mind in Society*. Cambridge, MA: Harvard University Press. 정회욱 옮김(2009). 마인드 인 소사이어티. 서울: 학이시습.

• Wiggins, G., & McTighe, J.(2000). Understanding by design (2nd Ed.). Alexandria, VA: Association for Supervision & Curriculum Development. 강현석 옮김(2008). 거꾸로 생각하는 교육과정 개발. 서울: 학지사.

• Willis, P.(1977). *Learning To Labour*. Farnborough: Saxon House. 김찬호·김영훈 옮김(2004). 학교와 계급 재생산. 서울: 이매진.

• Young. M.(1958). *The Rise of the Meritocracy*. New Jersey: Transaction.

• Young. M.(1971). *Knowledge and control:* new direction for sociology of education. London: Colier Macmillan.

• 森田眞生(2015). 數學する身體. 新潮社. 박동섭 옮김(2016). 수학하는 신체. 서울: 에듀니티.

삶의 행복을 꿈꾸는 교육은 어디에서 오는가?

미래 100년을 향한 새로운 교육 혁신교육을 실천하는 교사들의 **필독서**

▶ 교육혁명을 앞당기는 배움책 이야기
혁신교육의 철학과 잉걸진 미래를 만나다!

혁신교육 존 듀이에게 묻다
서용선 지음 | 292쪽 | 값 14,000원

 독일 교육, 왜 강한가?
박성희 지음 | 324쪽 | 값 15,000원

 다시 읽는 조선 교육사
이만규 지음 | 750쪽 | 값 33,000원

  핀란드 교육의 기적
한넬레 니에미 외 엮음 | 장수명 외 옮김 | 456쪽 | 값 23,000원

 대한민국 교육혁명
교육혁명공동행동 연구위원회 지음 | 224쪽 | 값 12,000원

 한국 교육의 현실과 전망
심성보 지음 | 724쪽 | 값 35,000원

▶ 비고츠키 선집 시리즈
발달과 협력의 교육학 어떻게 읽을 것인가?

 생각과 말
레프 세묘노비치 비고츠키 지음
배희철·김용호·D. 켈로그 옮김 | 690쪽 | 값 33,000원

 성장과 분화
L.S. 비고츠키 지음 | 비고츠키 연구회 옮김
308쪽 | 값 15,000원

 도구와 기호
비고츠키·루리야 지음 | 비고츠키 연구회 옮김
336쪽 | 값 16,000원

 연령과 위기
L.S. 비고츠키 지음 | 비고츠키 연구회 옮김
336쪽 | 값 17,000원

 어린이 자기행동숙달의 역사와 발달 I
L.S. 비고츠키 지음 | 비고츠키 연구회 옮김
564쪽 | 값 28,000원

 의식과 숙달
L.S 비고츠키 | 비고츠키 연구회 옮김
348쪽 | 값 17,000원

 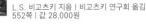 **어린이 자기행동숙달의 역사와 발달 II**
L.S. 비고츠키 지음 | 비고츠키 연구회 옮김
552쪽 | 값 28,000원

 분열과 사랑
L.S. 비고츠키 지음 | 비고츠키 연구회 옮김
260쪽 | 값 16,000원

 어린이의 상상과 창조
L.S. 비고츠키 지음 | 비고츠키 연구회 옮김
280쪽 | 값 15,000원

 성애와 갈등
L.S. 비고츠키 지음 | 비고츠키 연구회 옮김
268쪽 | 값 17,000원

 비고츠키와 인지 발달의 비밀
A.R. 루리야 지음 | 배희철 옮김 | 280쪽 | 값 15,000원

 관계의 교육학, 비고츠키
진보교육연구소 비고츠키교육학실천연구모임 지음
300쪽 | 값 15,000원

 수업과 수업 사이
비고츠키 연구회 지음 | 196쪽 | 값 12,000원

 비고츠키 생각과 말 쉽게 읽기
진보교육연구소 비고츠키교육학실천연구모임 지음
316쪽 | 값 15,000원

 비고츠키의 발달교육이란 무엇인가?
비고츠키교육학실천연구모임 지음 | 412쪽 | 값 21,000원

 교사와 부모를 위한 비고츠키 교육학
카르포프 지음 | 실천교사번역팀 옮김 | 308쪽 | 값 15,000원

  비고츠키 철학으로 본 핀란드 교육과정
배희철 지음 | 456쪽 | 값 23,000원

▶ 살림터 참교육 문예 시리즈
영혼이 있는 삶을 가르치는 온 선생님을 만나다!

 꽃보다 귀한 우리 아이는
조재도 지음 | 244쪽 | 값 12,000원

 선생님이 먼저 때렸는데요
강병철 지음 | 248쪽 | 값 12,000원

 성깔 있는 나무들
최은숙 지음 | 244쪽 | 값 12,000원

 서울 여자, 시골 선생님 되다
조경선 지음 | 252쪽 | 값 12,000원

아이들에게 세상을 배웠네
명혜정 지음 | 240쪽 | 값 12,000원

행복한 창의 교육
최창의 지음 | 328쪽 | 값 15,000원

밥상에서 세상으로
김흥숙 지음 | 280쪽 | 값 13,000원

북유럽 교육 기행
정애경 외 14인 지음 | 288쪽 | 값 14,000원

우물쭈물하다 끝난 교사 이야기
유기창 지음 | 380쪽 | 값 17,000원

▶ 4·16, 질문이 있는 교실 마주이야기
통합수업으로 혁신교육과정을 재구성하다!

통하는 공부
김태호·김형우·이경석·심우근·허진만 지음
324쪽 | 값 15,000원

미래교육의 열쇠, 창의적 문화교육
심광현·노명우·강정석 지음 | 368쪽 | 값 16,000원

내일 수업 어떻게 하지?
아이함께 지음 | 300쪽 | 값 15,000원
2015 세종도서 교양부문

주제통합수업, 아이들을 수업의 주인공으로!
이윤미 외 지음 | 392쪽 | 값 17,000원

인간 회복의 교육
성래운 지음 | 260쪽 | 값 13,000원

수업과 교육의 지평을 확장하는 수업 비평
윤양수 지음 | 316쪽 | 값 15,000원
2014 문화체육관광부 우수교양도서

교과서 너머 교육과정 마주하기
이윤미 외 지음 | 368쪽 | 값 17,000원

교사, 선생이 되다
김태은 외 지음 | 260쪽 | 값 13,000원

수업 고수들 수업·교육과정·평가를 말하다
박현숙 외 지음 | 368쪽 | 값 17,000원

교사의 전문성, 어떻게 만들어지나
국제교원노조연맹 보고서 | 김석규 옮김 392쪽 | 값 17,000원

도덕 수업, 책으로 묻고 윤리로 답하다
울산도덕교사모임 지음 | 320쪽 | 값 15,000원

수업의 정치
윤양수·원종희·장군 지음 | 280쪽 | 값 14,000원

체육 교사, 수업을 말하다
전용진 지음 | 304쪽 | 값 15,000원

**학교협동조합,
현장체험학습과 마을교육공동체를 잇다**
주수원 외 지음 | 296쪽 | 값 15,000원

교실을 위한 프레이리
아이러 쇼어 엮음 | 사람대사람 옮김 | 412쪽 | 값 18,000원

**거꾸로 교실,
잠자는 아이들을 깨우는 수업의 비밀**
이민경 지음 | 280쪽 | 값 14,000원

마을교육공동체란 무엇인가?
서용선 외 지음 | 360쪽 | 값 17,000원

교사는 무엇으로 사는가
정은균 지음 | 292쪽 | 값 15,000원

교사, 학교를 바꾸다
정진화 지음 | 372쪽 | 값 17,000원

마음의 힘을 기르는 감성수업
조선미 외 지음 | 300쪽 | 값 15,000원

함께 배움
학생 주도 배움 중심 수업 이렇게 한다
니시카와 준 지음 | 백경석 옮김 | 280쪽 | 값 15,000원

작은 학교 아이들
지경준 엮음 | 376쪽 | 값 17,000원

공교육은 왜?
홍섭근 지음 | 352쪽 | 값 16,000원

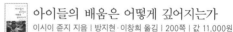
아이들의 배움은 어떻게 깊어지는가
이시이 준지 지음 | 방지현·이창희 옮김 | 200쪽 | 값 11,000원

자기혁신과 공동의 성장을 위한
교사들의 필리버스터
윤양수·원종희·장군·조경삼 지음 | 280쪽 | 값 14,000원

대한민국 입시혁명
참교육연구소 입시연구팀 지음 | 220쪽 | 값 12,000원

함께 배움 이렇게 시작한다
니시카와 준 지음 | 백경석 옮김 | 196쪽 | 값 12,000원

 함께 배움 교사의 말하기
니시카와 준 지음 | 백경석 옮김 | 188쪽 | 값 12,000원

 교육과정 통합, 어떻게 할 것인가?
성열관 외 지음 | 192쪽 | 값 13,000원

 학교 혁신의 길, 아이들에게 묻다
남궁상운 외 지음 | 272쪽 | 값 15,000원

 프레이리의 사상과 실천
사람대사람 지음 | 352쪽 | 값 18,000원
2018 세종도서 학술부문

 혁신학교, 한국 교육의 미래를 열다
송순재 외 지음 | 608쪽 | 값 30,000원

 페다고지를 위하여
프레네의 『페다고지 불변요소』 읽기
박찬영 지음 | 296쪽 | 값 15,000원

 **노자와 탈현대 문명**
홍승표 지음 | 284쪽 | 값 15,000원

 선생님, 민주시민교육이 뭐예요?
염경미 지음 | 244쪽 | 값 15,000원

 어쩌다 혁신학교
유우석 외 지음 | 380쪽 | 값 17,000원

 미래, 교육을 묻다
정광필 지음 | 232쪽 | 값 15,000원

 대학, 협동조합으로 교육하라
박주희 외 지음 | 252쪽 | 값 15,000원

 입시, 어떻게 바꿀 것인가?
노기원 지음 | 306쪽 | 값 15,000원

 촛불시대, 혁신교육을 말하다
이용관 지음 | 240쪽 | 값 15,000원

 라운드 스터디
이시이 데루마사 외 엮음 | 224쪽 | 값 15,000원

 미래교육을 디자인하는 학교교육과정
박승열 외 지음 | 348쪽 | 값 18,000원

 흥미진진한 아일랜드 전환학년 이야기
제리 제퍼스 지음 | 최상덕·김호원 옮김 | 508쪽 | 값 27,000원

 교사를 세우는 교육과정
박승열 지음 | 312쪽 | 값 15,000원

 전국 17명 교육감들과 나눈
교육 대담
최창의 대담·기록 | 272쪽 | 값 15,000원

 들뢰즈와 가타리를 통해
유아교육 읽기
리세롯 마리엣 올슨 지음 | 이연선 외 옮김 | 328쪽 | 값 17,000원

 학교 민주주의의 불한당들
정은균 지음 | 276쪽 | 값 14,000원

 교육과정, 수업, 평가의 일체화
리사 카터 지음 | 박승열 외 옮김 | 196쪽 | 값 13,000원

 학교를 개선하는 교장
지속가능한 학교 혁신을 위한 실천 전략
마이클 풀란 지음 | 서동연·정효준 옮김 | 216쪽 | 값 13,000원

 공자뎐, 논어는 이것이다
유문상 지음 | 392쪽 | 값 18,000원

 교사와 부모를 위한
발달교육이란 무엇인가?
현광일 지음 | 380쪽 | 값 18,000원

 교사, 이오덕에게 길을 묻다
이무완 지음 | 328쪽 | 값 15,000원

 낙오자 없는 스웨덴 교육
레이프 스트란드베리 지음 | 변광수 옮김 | 208쪽 | 값 13,000원

 끝나지 않은 마지막 수업
장석웅 지음 | 328쪽 | 값 20,000원

 경기꿈의학교
진흥섭 외 지음 | 360쪽 | 값 17,000원

 학교를 말한다
이성우 지음 | 292쪽 | 값 15,000원

 행복도시 세종, 혁신교육으로 디자인하다
곽순일 외 지음 | 392쪽 | 값 18,000원

 나는 거꾸로 교실 거꾸로 교사
류광모·임정훈 지음 | 212쪽 | 값 13,000원

 교실 속으로 간 이해중심 교육과정
온정덕 외 지음 | 224쪽 | 값 13,000원

 교실, 평화를 말하다
따돌림사회연구모임 초등우정팀 지음 | 268쪽 | 값 15,000원

폭력 교실에 맞서는 용기
따돌림사회연구모임 학급운영팀 지음 | 272쪽 | 값 15,000원

학교자율운영 2.0
김용 지음 | 240쪽 | 값 15,000원

그래도 혁신학교
박은혜 외 지음 | 248쪽 | 값 15,000원

학교자치를 부탁해
유우석 외 지음 | 252쪽 | 값 15,000원

학교는 어떤 공동체인가?
성열관 외 지음 | 228쪽 | 값 15,000원

국제이해교육 페다고지
강순원 외 지음 | 256쪽 | 값 15,000원

교사 전쟁
다나 골드스타인 지음 | 유성상 외 옮김 | 468쪽 | 값 23,000원

미래교육, 어떻게 만들어갈 것인가?
송기상·김성천 지음 | 300쪽 | 값 16,000원

인공지능 시대의 사회학적 상상력
홍승표 지음 | 260쪽 | 값 15,000원

선생님, 페미니즘이 뭐예요?
염경미 지음 | 280쪽 | 값 15,000원

시민, 학교에 가다
최형규 지음 | 260쪽 | 값 15,000원

혁신교육지구와 마을교육공동체는 어떻게 만들어지는가?
김태정 지음 | 376쪽 | 값 18,000원

▶ **교과서 밖에서 만나는 역사 교실**
상식이 통하는 살아 있는 역사를 만나다

전봉준과 동학농민혁명
조광환 지음 | 336쪽 | 값 15,000원

교과서 밖에서 배우는 역사 공부
정은교 지음 | 292쪽 | 값 14,000원

남도의 기억을 걷다
노성태 지음 | 344쪽 | 값 14,000원

팔만대장경도 모르면 빨래판이다
전병철 지음 | 360쪽 | 값 16,000원

응답하라 한국사 1·2
김은석 지음 | 356쪽·368쪽 | 각권 값 15,000원

빨래판도 잘 보면 팔만대장경이다
전병철 지음 | 360쪽 | 값 16,000원

즐거운 국사수업 32강
김남선 지음 | 280쪽 | 값 11,000원

영화는 역사다
강성률 지음 | 288쪽 | 값 13,000원

즐거운 세계사 수업
김은석 지음 | 328쪽 | 값 13,000원

친일 영화의 해부학
강성률 지음 | 264쪽 | 값 15,000원

강화도의 기억을 걷다
최보길 지음 | 276쪽 | 값 14,000원

한국 고대사의 비밀
김은석 지음 | 304쪽 | 값 13,000원

광주의 기억을 걷다
노성태 지음 | 348쪽 | 값 15,000원

조선족 근현대 교육사
정미량 지음 | 320쪽 | 값 15,000원

선생님도 궁금해하는 한국사의 비밀 20가지
김은석 지음 | 312쪽 | 값 15,000원

다시 읽는 조선근대 교육의 사상과 운동
윤건차 지음 | 이명실·심성보 옮김 | 516쪽 | 값 25,000원

걸림돌
키르스텐 세룹-빌펠트 지음 | 문봉애 옮김
248쪽 | 값 13,000원

음악과 함께 떠나는 세계의 혁명 이야기
조광환 지음 | 292쪽 | 값 15,000원

역사수업을 부탁해
열 사람의 한 걸음 지음 | 388쪽 | 값 18,000원

논쟁으로 보는 일본 근대 교육의 역사
이명실 지음 | 324쪽 | 값 17,000원

진실과 거짓, 인물 한국사
하성환 지음 | 400쪽 | 값 18,000원

다시, 독립의 기억을 걷다
노성태 지음 | 320쪽 | 값 16,000원

우리 역사에서 사라진 근현대 인물 한국사
하성환 지음 | 296쪽 | 값 18,000원

한국사 리뷰
김은석 지음 | 244쪽 | 값 15,000원

꼬물꼬물 거꾸로 역사수업
역모자들 지음 | 436쪽 | 값 23,000원

경남의 기억을 걷다
류형진 외 지음 | 564쪽 | 값 28,000원

▶ 더불어 사는 정의로운 세상을 여는 인문사회과학
사람의 존엄과 평등의 가치를 배운다

밥상혁명
강양구·강이현 지음 | 298쪽 | 값 13,800원

좌우지간 인권이다
안경환 지음 | 288쪽 | 값 13,000원

도덕 교과서 무엇이 문제인가?
김대용 지음 | 272쪽 | 값 14,000원

민주시민교육
심성보 지음 | 544쪽 | 값 25,000원

자율주의와 진보교육
조엘 스프링 지음 | 심성보 옮김 | 320쪽 | 값 15,000원

민주시민을 위한 도덕교육
심성보 지음 | 500쪽 | 값 25,000원
2015 세종도서 학술부문

민주화 이후의 공동체 교육
심성보 지음 | 392쪽 | 값 15,000원
2009 문화체육관광부 우수학술도서

교과서 밖에서 배우는 인문학 공부
정은교 지음 | 280쪽 | 값 13,000원

갈등을 넘어 협력 사회로
이창언·오수길·유문종·신윤관 지음 | 280쪽 | 값 15,000원

오래된 미래교육
정재걸 지음 | 392쪽 | 값 18,000원

동양사상과 마음교육
정재걸 외 지음 | 356쪽 | 값 16,000원
2015 세종도서 학술부문

대한민국 의료혁명
전국보건의료산업노동조합 엮음 | 548쪽 | 값 25,000원

교과서 밖에서 배우는 철학 공부
정은교 지음 | 280쪽 | 값 14,000원

교과서 밖에서 배우는 고전 공부
정은교 지음 | 288쪽 | 값 14,000원

교과서 밖에서 배우는 사회 공부
정은교 지음 | 304쪽 | 값 15,000원

전체 안의 전체 사고 속의 사고
김우창의 인문학을 읽다
현광일 지음 | 320쪽 | 값 15,000원

교과서 밖에서 배우는 윤리 공부
정은교 지음 | 292쪽 | 값 15,000원

카스트로, 종교를 말하다
피델 카스트로·프레이 베토 대담 | 조세종 옮김
420쪽 | 값 21,000원

한글 혁명
김슬옹 지음 | 388쪽 | 값 18,000원

일제강점기 한국철학
이태우 지음 | 448쪽 | 값 25,000원

우리 안의 미래교육
정재걸 지음 | 484쪽 | 값 25,000원

한국 교육 제4의 길을 찾다
이길상 지음 | 400쪽 | 값 21,000원

왜 그는 한국으로 돌아왔는가?
황선준 지음 | 364쪽 | 값 17,000원

마을교육공동체 생태적 의미와 실천
김용련 지음 | 256쪽 | 값 15,000원

▶ 평화샘 프로젝트 매뉴얼 시리즈
학교폭력에 대한 근본적인 예방과 대책을 찾는다

 학교폭력 어떻게 만들어지는가
문재현 외 지음 | 300쪽 | 값 14,000원

 아이들을 살리는 동네
문재현·신동명·김수동 지음 | 204쪽 | 값 10,000원

 학교폭력, 멈춰!
문재현 외 지음 | 348쪽 | 값 15,000원

 평화! 행복한 학교의 시작
문재현 외 지음 | 252쪽 | 값 12,000원

 왕따, 이렇게 해결할 수 있다
문재현 외 지음 | 236쪽 | 값 12,000원

 마을에 배움의 길이 있다
문재현 지음 | 208쪽 | 값 10,000원

 젊은 부모를 위한 백만 년의 육아 슬기
문재현 지음 | 248쪽 | 값 13,000원

 별자리, 인류의 이야기 주머니
문재현·문한뫼 지음 | 444쪽 | 값 20,000원

 우리는 마을에 산다
유양우·신동명·김수동·문재현 지음 | 312쪽 | 값 15,000원

 동생아, 우리 뭐 하고 놀까?
문재현 외 지음 | 280쪽 | 값 15,000원

 누가, 학교폭력 해결을 가로막는가?
문재현 외 지음 | 312쪽 | 값 15,000원

▶ 남북이 하나 되는 두물머리 평화교육
분단 극복을 위한 치열한 배움과 실천을 만나다

 10년 후 통일
정동영·지승호 지음 | 328쪽 | 값 15,000원

 선생님, 통일이 뭐예요?
정경호 지음 | 252쪽 | 값 13,000원

 분단시대의 통일교육
성래운 지음 | 428쪽 | 값 18,000원

 김창환 교수의 DMZ 지리 이야기
김창환 지음 | 264쪽 | 값 15,000원

 한반도 평화교육 어떻게 할 것인가
이기범 외 지음 | 252쪽 | 값 15,000원

▶ 창의적인 협력 수업을 지향하는 삶이 있는 국어 교실
우리말 글을 배우며 세상을 배운다

 중학교 국어 수업 어떻게 할 것인가?
김미경 지음 | 340쪽 | 값 15,000원

 토론의 숲에서 나를 만나다
명혜정 엮음 | 312쪽 | 값 15,000원

 토닥토닥 토론해요
명혜정·이명선·조선미 엮음 | 288쪽 | 값 15,000원

 인문학의 숲을 거니는 토론 수업
순천국어교사모임 엮음 | 308쪽 | 값 15,000원

 어린이와 시
오인태 지음 | 192쪽 | 값 12,000원

 수업, 슬로리딩과 함께
박경숙 외 지음 | 268쪽 | 값 15,000원

 언어던
정은균 지음 | 268쪽 | 값 15,000원

 민촌 이기영 평전
이성렬 지음 | 508쪽 | 값 20,000원

참된 삶과 교육에 관한
생각 줍기